Liderazgo Anticorrupción ISO y COSO

ISO 9001, 26000, 37001

Lic. Marco F. Andrade

Liderazgo Anticorrupción ISO y COSO
© Lic. Marco F. Andrade

Primera edición para Amazon.com: Julio 2019

Puede contactar al autor para comentarios o preguntas a través de su correo electrónico:
m.andrademen@gmail.com

INDICE

INTRODUCCIÓN

Transcurridos tres años de haber publicado el libro "Liderazgo empresarial ¿Responsable?", han surgido algunos temas que requieren ser actualizados. Uno de los más relevantes, es la publicación del Sistema de Gestión Antisoborno, norma ISO 37001 en octubre de 2016. También se han emitido ciertas leyes para luchar contra la corrupción en ciertos países, enfocándose en el soborno y lavado de activos. Brasil, Perú, Argentina, Panamá, y otros países Latinoamericanos, investigan los sobornos de Odebrecht, estando involucrados varios expresidentes de la república. La lucha contra la corrupción es un tema prioritario para la mayoría de los ciudadanos en países de Latino américa.

Para enfrentar la corrupción uno de los aspectos más importantes es el compromiso genuino de quienes dirigen las organizaciones. Los líderes responsables, conscientes y comprometidos con los valores éticos, no permiten ni toleran actos de corrupción. Generan valor para mejorar el patrimonio y la reputación de la entidad que dirigen. Algunos desconocen el tipo de controles que deben aplicar, otros simplemente se desinteresan, y hay quienes lamentablemente permiten el desorden. La gerencia es responsable del buen desempeño en general, de lograr los objetivos, de evitar actos de corrupción o fraudes. Es deplorable que en algunos casos sean los propios "líderes" quienes propician, protegen o se involucran directamente en hechos fraudulentos.

En esta edición también se incluyen principios del Marco Integrado de Control Interno COSO y de algunas normas ISO. Los Sistemas de Gestión: Antisoborno ISO 37001, Calidad ISO 9001 y Responsabilidad Social ISO 2600. Estos principios y normas establecen pautas para que las actividades organizacionales se desarrollen gestionando riesgos y controles adecuados. El Ambiente de Control, primer componente del Marco Integrado de Control Interno COSO, está orientado a propiciar una gerencia responsable. Las normas ISO establecen los requisitos que deben ser implementados para que los sistemas de gestión cumplan con su objetivo. Los sistemas de gestión requieren el compromiso de los líderes de una organización, de quienes la dirigen y toman decisiones.

El tema de la teoría de las ventanas rotas y la anomia ilustra los peligros del descuido y falta de control. Los conceptos básicos del Control Interno y de los Sistemas de Gestión Antisoborno, de la Calidad y de Responsabilidad Social. Se destaca la influencia en la cultura organizacional, de los principios establecidos en COSO y en las normas ISO 9001, 26000 y 37001. La rendición de cuentas, la transparencia y el comportamiento ético son responsabilidades de las Juntas Directivas y Gerentes Generales. La importancia de definir claramente la estructura, autoridad y responsabilidad corresponde a las funciones de la alta gerencia. La competencia profesional es un requerimiento que se debe desarrollar y mantener actualizada en todos los miembros de la entidad. La identificación de los riesgos y su tratamiento para lograr los objetivos, están contempladas en COSO y las normas ISO 9001 y 37001. El Modelo de Prevención de los delitos de corrupción establecidos en leyes como la 30424 en Perú y 20393 en Chile. La transparencia de las empresas en cuanto a informar los resultados de su gestión, es un principio ético fundamental. La ley peruana 29720, en un polémico artículo 5° dispone que ciertas entidades no supervisadas, reporten sus estados financieros, La Superintendencia de Mercado de Valores (SMV) es la encargada de que se cumpla esta disposición. Por otra parte, se destaca la importancia del código de ética y conducta, como fundamento para fortalecer la cultura ética organizacional.

El libro está dirigido a los líderes que están decididos a actuar contra la corrupción para hacer sustentable su organización. Las organizaciones solo serán sustentables en una sociedad que se sienta atendida en sus necesidades con transparencia y sin corrupción. Los líderes responsables de ello, no solo son los gobernantes, también lo son quienes lideran empresas o instituciones sin fines de lucro. Pueden ser presidentes ejecutivos, miembros de una Junta Directiva, Directorio, "C-Suite" o gerentes generales. También hay liderazgo en los gerentes de los distintos niveles, supervisores, jefes y en muchos empleados que asumen un rol anticorrupción. Los estudiantes son los líderes del futuro, por lo que, necesitan conocer los principios de una gestión responsable y sin corrupción.

La corrupción en la historia y la cultura organizacional

La corrupción en la historia documentada de la humanidad, se remonta al antiguo Egipto. Está registrado en un papiro de la XX Dinastía, durante el reinado de Ramsés IX (1142-1123 a de C.). Pewero, funcionario egipcio de alto rango, estaba asociado con profanadores de tumbas "ignorando" los robos perpetrados para obtener suculentas ganancias. En el Imperio Romano, los soldados pagaban sobornos a sus oficiales para quedar exentos de un servicio. En la época colonial, los gobernantes usufructuaban las riquezas de las colonias bajo su dominio mediante actos corruptos incrementando sus arcas. La era republicana se ha caracterizado por saqueos constantes al erario público por parte de funcionarios de alto, medio y bajo rango. Recientemente, por el caso de corrupción de la empresa Odebrecht, se investigan sobornos millonarios a varios expresidentes y altos funcionarios. Investigaciones que se llevan a cabo en Brasil, Perú, Argentina y otros países de Latinoamérica, algunos expresidentes se encuentran en prisión.

Para el soborno y el lavado de activos, no existen fronteras, estos son los delitos de corrupción con mayor incidencia. Los recursos públicos van a las arcas de autoridades corruptas en lugar de ser destinados a las comunidades que viven con muchas carencias. La corrupción genera una serie de problemas sociales: miseria, pobreza y daño al desarrollo sostenible. En la gestión pública se otorgan licencias inadecuadas abusando de las regulaciones establecidas. En la política, se destruye la democracia, el estado de derecho; la justicia es para quien mejor paga. En las empresas se incrementan los costos, genera operaciones ineficientes, los productos o servicios se encarecen, los contratos se ganan mediante acuerdos oscuros.

Se han realizado estudios y desarrollado diversas teorías sobre el comportamiento del ser humano para explicar las causas de conductas corruptas. Se considera que la cultura es uno de los factores fundamentales, en países donde se respeta lo ajeno, el índice de corrupción es menor que donde la honradez es escasa. En Japón, por ejemplo, se enseña a los niños que, si algo no es tuyo, le pertenece a otro. En ese país todos respetan lo ajeno, después del sunami del 2011, la gente podía recuperar sus propiedades, nadie se apropió indebidamente. Sin embargo, existen ciertas excepciones, porque ningún país del mundo está libre de gente corrupta. Hay personas que se aprovechan de su función y el poder que ostentan en una posición pública o privada, para su beneficio personal.

En este contexto, organizaciones internacionales y gobiernos vienen realizando esfuerzos mediante una serie de pactos, acuerdos y leyes contra la corrupción. El año 2016 la "International Organization for Standardization", emitió la norma ISO 37001 (Sistema de Gestión Antisoborno). Este sistema de gestión contra el soborno, promueve la integridad y cultura ética dentro de las organizaciones. Es necesario identificar los riesgos de soborno implementando las buenas prácticas y estableciendo controles que permitan reducir o eliminar su incidencia. Una de las consideraciones importantes para establecer controles, es el Triángulo del Fraude. Se denomina así porque lo componen tres elementos: la oportunidad, la presión y la racionalización.

La oportunidad es la posibilidad que tiene alguien de cometer un acto de corrupción, ser sobornada en la función que desempeña. Quienes trabajan en el área de compras tienen la "oportunidad" de aceptar sobornos de ciertos proveedores para favorecerlos. Esta oportunidad no la tienen quienes laboran en el área de contabilidad, su función es distinta a la de contratar proveedores.

La presión es la influencia que ejerce alguna situación urgente sobre una persona, que lo puede llevar a cometer irregularidades. Como por ejemplo tener alguna urgencia económica o cumplir con objetivos exigentes, lo pueden llevar a aceptar un soborno o a cometer algún acto corrupto.

La racionalización es el razonamiento que hace para sí una

persona, justificando un acto ilícito que pretende cometer. Dice para sí misma cosas como: "si todo el mundo lo hace, ¿por qué no puedo hacerlo yo?", "aceptaré el dinero por la necesidad que tengo y solo por esta vez" (la siguiente será más fácil justificarse hasta convertirse en una espiral sin fin), "estoy tomando lo que no me han dado, cuando realmente lo merezco" (se siente mal pagada y poco reconocida), "nadie se enterará" (ninguno lo está viendo), "no perjudico a nadie", "no me pagan lo suficiente", etc.

La gente honesta, con valores éticos arraigados, por más que tengan la oportunidad y alguna presión, razonan positivamente y proceden con integridad. Este tipo de personas son confiables, requieren poco control cuando desempeñan funciones públicas o privadas. Sin embargo, hay personas que tratan de burlar y burlan los controles de la organización. Es preciso entonces enfocarse primero en cambiarles el "chip" para que puedan racionalizar o razonar positivamente. Hacerlo mediante la capacitación y sensibilización, dar a conocer que están expuestos sanciones en la organización. Que existen leyes que castigan con cárcel y multas los delitos de corrupción. Además de tomar conciencia de las consecuencias de la corrupción en la sociedad, que perjudica a la gente que menos recursos tiene.

Es importante prestar atención a la cultura organizacional, es decir, a la manera de "ser" y "hacer" las cosas en una organización. Para contrarrestar la racionalización al implementar la norma ISO 37001, hay que fortalecer la cultura de integridad en los empleados. Reforzar los valores éticos, recordándoles lo que es correcto de acuerdo con las normas de conducta universalmente aceptadas. Estas normas incluyen la honestidad, el respeto por las personas, por las pertenencias ajenas, la justicia y la protección del medio ambiente. No existe una definición estándar de esta cultura, por lo que la gerencia de una organización debe definir sus valores y cultura ética para todas las partes interesadas.

La presión se puede reducir con salarios justos y programas de asistencia en casos de emergencias económicas del personal. La oportunidad que es la naturaleza de ciertas funciones, se contrarresta con una supervisión estrecha y efectiva, aprobaciones adicionales, implementando canales de denuncia, entre otros. El uso de la tecnología es una gran herramienta de control, como las cámaras que graban constantemente ciertas actividades. También en algunos aeropuertos, el control migratorio se hace con equipos informáticos, donde la participación humana es mínima.

Aunque la corrupción tenga un origen milenario en la historia de la humanidad, nuestra época es muy distinta. Los últimos cincuenta años hemos presenciado avances científicos, sociales y tecnológicos impresionantes. Puede parecer un sueño lograr erradicar por completo la corrupción sino luchamos contra ella. La lucha no será en vano, algún día, las futuras generaciones disfrutarán de un mundo sin corrupción. Cuando se vaya a una entidad pública, ser atendidos en forma expedita, sin burocracia, sin trabas ni coimas. Cuando los jueces impartan justicia verdadera, sin chantajes ni favoreciendo a quien tiene dinero y paga. Cuando el estado construya obras sin sobrecostos. La tecnología ayudará a que esto sea realidad ¿Llegaremos a una total robotización para evitar la corrupción? Solo el tiempo tiene la respuesta. Tenemos una buena ruta para imaginar un mundo sin corrupción en el futuro, sigamos esa ruta luchando contra esta perversión.

Cultura Organizacional

En la cultura de ciertas organizaciones, hay actos de corrupción que, al ser descubiertos, no salen a la luz pública. La gerencia no los denuncia para "evitar" el escándalo, convirtiendo a estos ejecutivos en encubridores de dichos actos. Estos casos se manejan solo internamente, de manera confidencial, son conocidos solo por un grupo reducido del entorno gerencial. Quienes evitan el escándalo generalmente son algunos gerentes que dicen estar cuidando la reputación empresarial, cuando en realidad cuidan la suya. La gerencia es responsable de la ocurrencia de hechos de corrupción cuando no establecen controles o estos son muy débiles. Los líderes empresariales deben estar preparados para implementar controles en su organización, su desconocimiento o descuido puede traerles graves consecuencias. La implementación o fortalecimiento de la cultura ética es una función gerencial, la alta gerencia es quien debe tomar esta iniciativa.

James Collins y Jerry Porras en el libro *"Built to Last: Successful*

Habits of Visionary Companies"[1], se refieren a la cultura organizacional. Dicen que la principal diferencia entre las compañías "visionarias" y las menos visionarias, es que operan de acuerdo con un conjunto de "valores fundamentales" claramente definidos. Lo esencial en estas empresas es la creación de una cultura que define su estructura genética, tanto interna como externamente. Lo importante en cuanto a resultados es que las empresas "visionarias" generan rendimientos financieros excepcionales. Estos hallazgos refuerzan lo que hace dos décadas sostenía el ex CEO de Johnson & Johnson, James Burke. Que las empresas "éticas" tienen un desempeño superior que sus homólogas y competidores que no se caracterizan por su cultura ética. Collins y Porras demostraron convincentemente un fuerte vínculo causal entre la cultura, los valores y el rendimiento financiero. Crearon tres carteras imaginarias compuestas por diversas inversiones, la primera "fondo de acciones del mercado general", la segunda "fondo de valores de comparación". La tercera cartera compuesta por inversiones en un "fondo de acciones de compañías visionarias". El foco fue calcular el rendimiento financiero a largo plazo sobre la base de una inversión imaginaria de un dólar americano. Suponiendo que dicha inversión fue realizada en cada uno de los tres fondos el 1 de enero de 1926. Si todos los dividendos fueron reinvertidos, el valor de estas carteras el 31 de diciembre de 1990, habrían sido: 1) fondo de acciones del mercado general: $ 415.20; 2) fondo de valores de comparación: $ 995.30; y 3) fondo de acciones de compañías visionarias: $ 6,356.00.

Hay casos de gerentes que tratan de lograr resultados a como dé lugar, solo por ganarse el bono calculado en función de este éxito. Tratan de alcanzar los objetivos o metas que deben cumplir, incluso desoyendo las reglas y saltándose los controles establecidos. Daniel Goleman en su libro *Focus*[2] nos dice: "*Prestamos una atención muy cuidadosa a las cosas que más nos importan, pero en medio del ruido y distracciones de la vida laboral, la escucha pobre es una auténtica epidemia. El estilo '¡Hazlo, sin importar como sea!' no tiene reparo alguno en pasar por encima del cadáver de cualquiera que se interponga en el logro de sus objetivos. Algunos líderes orientados hacia el logro 'están tan obsesionados en*

---

1 COLLINS, JAMES C. y PORRAS JERRY, I. (2011). *Built to Last: Successful Habits of Visionary Companies*. HarperBusiness.
2 GOLEMAN, D., (2013). *FOCUS. Desarrollar la atención para alcanzar la excelencia*. Editorial Kairós.

encontrar atajos que los aproxime a la meta que no tienen empacho en utilizar cualquier medio que les ayude a alcanzarla'''.

Toda persona, más aún un empleado, sea directivo o no, tiene que dar cuenta a otros de sus actividades. Ciertos líderes de las organizaciones creen tener siempre la razón, no saben escuchar a los demás o son demasiado confiados. Ellos deberían asegurarse de que los resultados logrados son reales, que no están maquillados o manipulados para presentar una mejor situación. Es bueno tener confianza en los colaboradores; sin embargo, una de las funciones del supervisor es el escepticismo, verificar los resultados. Supervisar es pedir la rendición de cuentas con información sustentada en hechos verificables, vigilar, controlar para corregir y mejorar procesos.

El riesgo moral

La función gerencial está asociada al "riesgo moral", a la divergencia de intereses que existe entre accionistas y gerentes. Este riesgo, conocido también como el "costo de agencia", involucra a un agente, el gerente; y el accionista o principal. En un artículo que publicó el diario El Universal[3], Daniel Morales Romero, expresa: *"Una definición muy sencilla de riesgo moral la da el profesor Mankiw: 'es un problema que surge cuando una persona, llamada agente, realiza una tarea en representación de la otra, llamada principal. ¿Y cuál es el problema? ...' si el principal no puede controlar perfectamente la conducta del agente, este tiende a esforzarse menos de lo que el principal considera deseable. El riesgo moral es la tendencia -riesgo- de que el agente tenga un comportamiento indebido o inmoral, y este riesgo aumenta cuando no existen, o son débiles, los mecanismos de control'*. El papel de principal corresponde al accionista o dueño de una empresa, y el de agente al ejecutivo que lo representa. El accionista busca maximizar su inversión a través de los resultados financieros de la gestión realizada en la empresa. La gerencia si bien trata de lograr dichos resultados, tiene intereses particulares relacionados con obtener la mayor cantidad de ingresos posible. El salario de los gerentes se establece en función de los resultados que logren y cuando no lo logran, manipulan las cifras. Para el control del riesgo moral se establece el gobierno corporativo y la revisión

3   MORALES ROMERO, D., (2011). Artículo publicado en el diario El Universal. Caracas, Venezuela. Daniel Romero es PhD, socio fundador y Director General de DatAnalítica, investigador Asociado al Centro de Investigación de Liderazgo y Gestión Educativa en Barna Business School.

independiente de los resultados financieros.

Que la gerencia en ciertos casos tome decisiones en función de sus propios intereses, puede ocasionar verdaderos perjuicios a la empresa. La línea entre lo que puede ser considerado descuido, mala intención o una actuación con base a intereses propios, es muy delgada. Las consecuencias de las decisiones y actividades de la gerencia, se verán reflejadas en los resultados de las operaciones de la entidad. Tiene que ver con la gestión de la empresa, los lineamientos para la planificación, ejecución y controles que dicta la alta dirección. La gestión empresarial es responsabilidad de la gerencia, se considera la clave del éxito en el logro de los objetivos establecidos. En este sentido, la Organización para la Cooperación y el Desarrollo Económico (OCDE) ha establecido los principios de Gobierno Corporativo.

Gobierno Corporativo

Comprende las políticas, procedimientos y sistemas establecidos por el Consejo de Administración o Directorio y la Alta Dirección. Su finalidad es asegurar que la organización está siendo adecuadamente gestionada y que reporta la realidad de las operaciones y estrategias. Que funciona en el marco de los valores éticos de integridad, transparencia y responsabilidad, y del cumplimiento con la normativa legal aplicable.

Los Principios son normas no vinculantes, buenas prácticas y una guía de implantación para ser adaptada a las circunstancias particulares de cada país. El gobierno corporativo forma parte del contexto económico donde las empresas desarrollan su actividad y en el que intervienen otros factores. Las políticas macroeconómicas, el grado de competencia de los mercados, el entorno legal, reglamentario e institucional. Otros factores importantes son la ética en los negocios y la conciencia de respetar los intereses medioambientales y sociales. Las comunidades en las que desarrollan su actividad, pueden repercutir en la reputación y en el éxito a largo plazo.

Son muchos los factores que afectan a los procesos de gobierno y la toma de decisiones en las empresas. Los Principios se centran en los problemas de gobierno que se generan por la separación entre propiedad y control. Las relaciones entre los accionistas y el cuerpo directivo, son el elemento central, como se explicó en el riesgo moral. También situaciones que surgen del dominio que una serie de accionistas con poder de control ejercen sobre los accionistas minoritarios. Los Principios deben servir de complemento a un planteamiento más abierto en el ámbito de la realización de inspecciones y balances. En ellos se hace referencia a otras cuestiones que también afectan a los procesos decisorios dentro de una sociedad. Las de carácter medioambiental o ético, y las relacionadas con la lucha contra la corrupción. Están expresadas en otros instrumentos elaborados por la OCDE y por otras organizaciones internacionales. Directrices para Empresas Multinacionales y el Convenio de Lucha contra la corrupción de Agentes Públicos Extranjeros en las Transacciones Comerciales Internacionales.

El tema de gestión se trata con amplitud en el próximo capítulo, donde se ilustra a través de una metodología.

La gestión empresarial, clave en los resultados del negocio

Gestión, conjunto de actividades que se realizan en una organización a fin de cumplir con los objetivos que se han establecido. Para que estas acciones tengan viabilidad económica y sustentabilidad en el tiempo, demandan de una serie de medidas y estrategias. Los principales procesos del negocio como: finanzas, logística, comercialización y producción; requieren de la gestión empresarial para un buen funcionamiento. El gobierno corporativo lo ejerce la Junta Directiva o Directorio, que es el grupo de personas nombrados por los accionistas. Ellos se reúnen periódicamente para revisar los resultados y establecer los lineamientos generales, no ejercen funciones operativas. La clave para que la empresa genere resultados positivos, es el liderazgo, específicamente del Presidente, Gerente General o Chef Exccecutive Officer (CEO), nombrado por el Directorio. Es la persona que marca la pauta, el "que toca el son" al que tiene que "bailar" toda la organización. Existen líderes en los distintos niveles de la organización que ejecutan las medidas que se dictan desde la alta dirección. Una buena gestión, genera resultados positivos cuando es implementada bajo el liderazgo del CEO y ejecutada por los demás líderes. La alta dirección de la empresa establece los objetivos estratégicos que generalmente buscan mejorar procesos y productos o servicios. Para lograr estos objetivos se requiere una estrategia, mediciones y seguimiento; todo lo cual es parte de la gestión empresarial.

Hay varias metodologías de gestión empresarial, puede ser muy elaborada o bastante simple, depende del tamaño y complejidad de la empresa. Las ciencias administrativas establecen las funciones fundamentales de la gestión como: Planificación, Organización, Dirección y Control. La Planificación, es la herramienta para identificar la forma de reunir los recursos, establecer objetivos y la forma de alcanzarlos. La Organización permite distribuir y asignar los recursos de manera sincronizada para realizar el trabajo, optimizarlo y lograr los resultados planificados. La Dirección establece las guías, políticas y formas de comunicación entre los diferentes niveles, en un ambiente adecuado para el trabajo. Las buenas prácticas laborales incrementan la eficacia y productividad, y en consecuencia la mayor rentabilidad para la empresa. El Control posibilita la cuantificación del progreso y seguimiento para lograr los objetivos que han sido planteados en la organización.

Para ejecutar las funciones de la gestión empresarial, existen diversos métodos y disciplinas que la hacen más eficiente. El método para los sistemas de gestión establecidos en las normas ISO como la 9001 y 37001, se basa en el ciclo PHVA. Planificar, Hacer, Verificar y Actuar (PHVA). El concepto fue ideado por Walter A. Shewhart, denominado en inglés *Plan-Do-Check-Act (PDCA)*, ciclo de Deming o espiral de mejora continua. Como se dijo antes, es el estándar utilizado por los sistemas de gestión de las normas ISO.

Planificar

Abarca las funciones de Dirección, Planificación y Organización, consiste en establecer los objetivos de la empresa de acuerdo con sus fines. En esta fase se define lo que se va a hacer, cómo hacerlo y quién o quiénes son los responsables. Se planifica la estrategia de la empresa, los objetivos, los resultados financieros, la forma de realizar el trabajo, los recursos requeridos, etc. La planificación puede ser realizada para más de tres años, largo plazo; de uno a tres años, mediano plazo; un año o menos, corto plazo. Al planificar la estrategia se define o revisa la visión, misión y los objetivos estratégicos que generalmente son a largo plazo.

Existen diversas metodologías de planificación estratégica, como *Balaced ScoreCard (BSC)* o Tablero de Comando, *One Page Strategic Plan* o (Plan estratégico de una página), entre otros. La metodología BSC puede volverse compleja cuando para su implementación se definen muchos objetivos y se establecen demasiados indicadores. Hay empresas que pasan más de un año definiendo los detalles del plan y terminan abandonándolo para optar por otra metodología. El plan estratégico se elabora o revisa anualmente en sesiones de trabajo en el que participan los principales líderes de la empresa. Una de las tareas es identificar los riesgos y oportunidades, utilizando por ejemplo la matriz FODA (Fortalezas, Oportunidades, Debilidades, Amenazas). Realizar esta tarea permite conocer oportunidades y riesgos internos o externos para proceder a su tratamiento (aceptar, trasladar, minimizar o eliminar riesgos). Las oportunidades pueden estar relacionadas con productos, servicios o mercados nuevos, disposiciones legales o circunstancias recientes que pueden ser ventajosas.

Ciertos objetivos se planifican para el mediano plazo, por ejemplo: en el próximo ejercicio económico, cambiar determinados equipos por otros más modernos. Este objetivo puede ser parte del plan de actualización de las instalaciones, elaborado para los próximos dos años a fin de lograr mayor productividad. En estos casos habrá un responsable de identificar los equipos que requieren ser actualizados, sus características y recursos necesarios, elaborando un análisis de factibilidad. Con esta información, dependiendo de la capacidad técnica y la magnitud de los recursos financieros requeridos, se tomará la decisión respectiva.

Los resultados financieros y actividades operativas se planifican para el corto plazo, por ejemplo: presupuesto, flujo de caja, plan de inversiones, etc. El presupuesto es una herramienta fundamental para proyectar los ingresos, egresos y resultados financieros de un ejercicio económico. El flujo de caja permite la proyección de los flujos de dinero entrante, saliente y los saldos, mensual o semanalmente. Con los planes de compras, producción o ventas, se definen los requerimientos de estas áreas para conocer con anticipación las actividades por realizar. Cada puesto de trabajo planifica para sus actividades diarias de acuerdo con sus funciones y responsabilidades. Las reuniones, frecuentes en la empresa, tienen una agenda que prevé los temas a tratar y la duración del encuentro.

Hacer

Abarca las funciones de Organización y Dirección, consiste en la ejecución de actividades o procesos de la empresa para alcanzar sus fines. En esta fase se hace lo que se ha previsto o planificado con anticipación. Ejecutar los planes es tan importante como su elaboración; sin embargo, un excelente plan sin ejecutar es un trabajo inútil. En muchas organizaciones el problema es la ejecución, se planifica muy bien, pero se ejecuta muy mal. Se llegan a cumplir solo determinados objetivos, algunos quedan a medias, otros ni siquiera se han comenzado al final del período. En la planificación se reconocen fortalezas y oportunidades que no se aprovechan. Se identifican debilidades y amenazas o riesgos para las que no se toman medidas de ninguna naturaleza. Hay una inversión importante de tiempo de los ejecutivos y otros recursos en la elaboración de presupuestos que no se cumplen. Al ejecutar el plan no se logran los ingresos previstos, son insuficientes, pero los gastos por lo general excesivos. Los planes de las actividades de rutina diaria si deberían cumplirse para el funcionamiento eficaz y eficiente de una organización. Cuando no se planifican las operaciones diarias que se realizan para mantener operativa una empresa, surgen problemas por la improvisación. La tarea gerencial es sincronizar e integrar todos los procesos para que el sistema funcione fluidamente, como si fuera una orquesta. Es aquí donde se requiere que haya liderazgo en los distintos niveles de la organización, desde el Presidente hasta el último supervisor. Son ellos los que deben tomar la batuta para destrabar cuellos de botella o tomar decisiones para seguir adelante.

Para realizar correctamente las actividades del negocio, ejecutando los planes elaborados, se requieren de una buena dirección y organización. El liderazgo que demuestra la alta gerencia durante todo el proceso de planificación y ejecución es un compromiso con los resultados. Los líderes conducen a la empresa por el camino correcto, valiéndose de sus habilidades de dirección y de herramientas gerenciales. Para ejecutar los planes es necesario contar con recursos de distinta índole, de acuerdo con las actividades que se realizarán. Quienes ejecutan los planes son los trabajadores, ellos actúan según sus responsabilidades y atribuciones, siendo supervisados por sus respectivos jefes. El personal requiere ciertas competencias que se actualizan mediante la capacitación para ejercer sus funciones de acuerdo a lo planificado. Un aspecto de suma importancia es el ambiente de trabajo, éste debe ser adecuado para las actividades que se realizan. Por otra parte, los recursos que se requieran deben ser proporcionados por la administración de la empresa, coordinando con logística. Más adelante se explica la interrelación de la administración con logística en los procesos del negocio.

Muchos líderes han llevado con éxito sus empresas a niveles increíbles, por ejemplo: Larry Page y Sergey Brin, fundadores de Google. En el Perú, la familia Añaños, fundadores del grupo AJE; Alberto Benavides de la Quintana que fundó la empresa Buenaventura; en Chile el actual presidente Piñera, entre otros. Cuando se comente importantes "errores" en la empresa, o se dejan de cumplir ciertos objetivos, el responsable final es el CEO. Por ejemplo, el caso de Volkswagen cuando incorporó un software engañoso que detectaba los controles de contaminación, falsificando los resultados. Su CEO, Martin Winterkorn renunció y fue sustituido por Matthias Mueller, quien procedía de la firma alemana Porsche. Se han dado casos de que incluso los propios fundadores de una empresa han sido responsables de los malos resultados. Fue así como Thomas Alva Edison y Steve Jobs fueron despedidos de sus propias empresas por su Junta Directiva. A Edison le pidieron su renuncia por el fracaso de la expansión con electricidad directa, para formar la General Electic. Jobs fue despedido por el fracaso de las primeras computadoras Mac que eran lentas y no tuvo éxito en el mercado. En ambos casos las pérdidas de las empresas fueron millonarias, por ese motivo los fundadores salieron de sus empresas. Los ejemplos nos dejan ver que al final del día el responsable de los resultados es el máximo líder de la organización.

Verificar

Abarca las funciones de Dirección y Control, consiste en medir los procesos de la empresa para monitorear los resultados logrados. Esta fase se constata comprobando si las cosas sucedieron de acuerdo con el plan establecido. Para verificar se requiere haber instaurado indicadores para evaluar los resultados que se van a controlar, en fase parcial o final. Lo que no se mide no se puede controlar, para medir hay que establecer parámetros de referencia que estén cuantificados. Por ejemplo, para medir la satisfacción del cliente hay que cuantificar los reclamos, las encuestas de satisfacción y los demás parámetros relacionados. Verificar los resultados, comparando con lo que se ha planificado, si hay variaciones, identificar las causas para tomar acciones correctivas.

Los equipos de una línea de envasado en una fábrica de mayonesa pueden tener una velocidad para llenar 1000 botellas por minuto. La planificación de la producción se hace con base a los parámetros referenciales, en este caso la velocidad de los equipos. En un turno de 8 horas de trabajo continuo, idealmente se deberían envasar 480,000 botellas (8h x 60m x 1000bot). Considerando que eventualmente se presentarán paradas de la línea, imprevistas o programadas, la producción planificada para 8 horas podría estimarse en 450,000bot. Al registrar la producción de cada turno se podrá verificar en qué medida se ha cumplido con la cifra planificada. El supervisor responsable del turno que no llegó a producir esta cantidad, tendrá que explicar las causas y acciones tomadas. Lo importante de la verificación es el análisis de causas cuando no se cumple lo planificado o el estándar establecido. El conocimiento de la causa raíz permitirá establecer las acciones correctivas para evitar que vuelvan a ocurrir situaciones no deseadas. La evaluación del desempeño puede realizarse siempre que se hayan establecido los parámetros de medición con los cuales comparar. Por esta razón, para la verificación es importante implementar un sistema de indicadores de gestión que deben ser conocidos y utilizados.

Las fallas en las mediciones pueden tener origen en el desconocimiento de las especificaciones de equipos o en cálculos errados. También pueden fallar los registros por falta de capacitación del personal, no los realizaron, o lo hicieron de manera equivocada. En estos casos se dificulta la verificación debido a que los registros para determinar si se alcanzaron las metas, son poco fiables.

Actuar

También abarca las funciones de dirección y control, consiste en tomar acciones correctivas para mejorar los resultados obtenidos. Esta fase permite determinar las mejoras en los procesos y actividades operacionales. Para completar el ciclo PHVA se requiere tomar acciones con respecto a las situaciones detectadas al verificar los procesos del negocio. El dejar esta fase inconclusa puede generar mayores inconvenientes, cuando no se actúa a tiempo los problemas se magnifican. Cuando la solución pudo haber costado solo X, el dejar pasar el tiempo sin actuar, puede llevar el costo a X^2. El análisis para determinar la causa raíz, permitirá tomar acciones oportunas y acertadas para solucionar el problema y mejorar procesos.

Muchas veces se realizan revisiones o auditorias para verificar el buen funcionamiento de los procesos y como resultado se generan recomendaciones. Hay que tomar acciones oportunas al respecto, desafortunadamente en ciertos casos no es así, se da prioridad a la operación diaria. Una buena gestión empresarial toma en consideración la mejora continua, las organizaciones son dinámicas y siempre hay espacio para mejorar.

La función de Dirección interviene en todas las fases del ciclo PHVA, establece el nivel de comunicación, ambiente propicio y buenas prácticas laborales. En la planificación la alta gerencia elabora el plan estratégico y establece los lineamientos para los otros planes que se elaboran. Al hacer o ejecutar, la gerencia interviene supervisando el trabajo para asegurarse de cómo se lleva a cabo. Cuando hay que corregir debe hacerlo oportunamente y cuando hay que reconocer un trabajo bien hecho, dar retroalimentación positiva para reforzarlo.

El ciclo PHVA se aplica en los distintos procesos del negocio, los cuales están interrelacionados e integrados en toda la empresa. En finanzas están los procesos que manejan los recursos económicos utilizando herramientas como el presupuesto y el flujo de caja. Es necesario que las distintas áreas de la organización intervengan en la elaboración del presupuesto porque son quienes conocen sus propias necesidades. El manejo del flujo de caja, aunque con menor incidencia, también requiere la intervención de las distintas áreas, especialmente Compras. Una parte de los procesos de finanzas es la contabilidad, registra todas las transacciones económicas para generar los informes financieros. Estos reportes, aunque presentan información histórica, permiten conocer los resultados del negocio, realizar análisis, proyecciones y tomar distintas decisiones. Por lo cual deben ser precisos, oportunos y confiables.

En Logística, denominada: Cadena de Suministros, se encuentran los procesos de procura o compras, almacenaje y distribución de los productos. Todos estos procesos están integrados e interrelacionados entre sí; para realizar una compra, es necesario conocer el presupuesto disponible. En Logística se manejan los niveles de inventario de los insumos y suministros que serán utilizados en el proceso productivo. Para la distribución de los productos, se requiere la información de las unidades disponibles que corresponde al proceso de producción.

El proceso Comercial está compuesto por otros subprocesos: ventas, marketing, promociones, servicio al cliente, investigación y desarrollo. La planificación de las ventas requiere determinar la demanda de acuerdo con los mercados objetivo, estadísticas, conocimiento de la competencia, etc. Con el plan de ventas se establecerán las actividades promocionales, con la investigación el desarrollo de nuevos productos para satisfacer la demanda actual. Los clientes requieren una atención especial a sus reclamos o solicitudes particulares, es un proceso que pocas empresas le dan importancia debida.

En Producción se realiza la transformación de los insumos para obtener los productos o servicios que requiere el área comercial. La planificación de la producción se basa en el plan de ventas, se hace en coordinación con las demás áreas. Los productos o servicios deben cumplir con los requerimientos de los clientes, considerando los requisitos legales y disposiciones aplicables. Es importante llevar los registros de la producción y mediciones o indicadores para la verificación, seguimiento y controles estadísticos. Existen actividades posteriores a la entrega de los productos o servicios que se realizan coordinando con el área comercial.

Toda esta dinámica requiere planificación en los distintos procesos, los planes por lo general se ejecutan con variaciones deben ser analizados. Con el análisis de las variaciones importantes se determinan las causas por las que no se lograron los objetivos planificados. La ejecución de los planes debe considerar los obstáculos o riesgos que se pueden evitar cuando se vuelva a planificar. La verificación y acciones corresponde a los distintos niveles de gerencia con los que cuenta la estructura de la empresa. Entre los riesgos de una mala gestión empresarial se encuentran la desmotivación del personal y pérdidas por falta de control. Las pérdidas pueden ser ocasionadas por excesos en los costos y gastos, o las más importantes, por irregularidades y fraudes. Por estas razones, es importante establecer controles como los que establece la metodología COSO, que será tratada más adelante.

Los casos de Enron, WorldCom, Parmalat, Adelphia, HealthSouth, ImClone, Ahold, Madoff, fueron muy sonados, estas empresas adulteraban datos para cambiar información financiera. Se demostró la gran carencia de ética en los negocios y casi todas estas empresas desaparecieron, afectando negativamente el patrimonio de mucha gente. Una importante firma de auditoría fue acusada de permitir que el banco de inversión Lehman Brothers presente estados financieros fraudulentos. Se eliminaron miles de millones de dólares en valores de los balances, proporcionando una ilusión de mayor salud financiera. Generalmente son pocos los casos de fraude que salen a la luz pública, solo se conocen aquellos de grandes magnitudes. En todo caso, estos fraudes han estado relacionados a la falta de control de los entes reguladores y la falta de ética. Por la importancia que tiene en la gestión, a continuación, se desarrolla con más detalle el tema del fraude.

El fraude en las organizaciones

El fraude, se define en el diccionario de la Real Academia Española (RAE), como: (Del lat. fraus, fraudis). 1. Acción contraria a la verdad y a la rectitud, que perjudica a la persona contra quien se comete. 2. Acto tendente a eludir una disposición legal en perjuicio del Estado o de terceros. 3. *Der.* Delito que comete el encargado de vigilar la ejecución de contratos públicos, o de algunos privados, confabulándose con la representación de los intereses opuestos.

La guía *"Fundamentals of Fraud Detection and Prevention"*[4], lo define como: *"Todos los medios múltiples que el ingenio humano puede concebir y recurre, para obtener ventaja sobre otro por medio de sugerencias falsas o la supresión de la verdad, incluye sorpresa, truco, astucia o disimulo, y de cualquier manera injusta por las que otro es engañado"*.

El Reporte a las Naciones sobre el Abuso y el Fraude Ocupacional[5], establece que los tipos de fraude que afectan

---

4 © SmartPros Ltd., (2011). *Fundamentals of Fraud Detection and Prevention.*
5 Association of Certified Fraud Examiners (ACFE), (2014). *Report to the*

a las organizaciones varían ampliamente y define el fraude ocupacional como: *"El uso intencional de la propia ocupación para el enriquecimiento personal a través del mal uso o del uso indebido de los recursos o activos de la organización contratante"*.

Categorías del fraude ocupacional

El Reporte a las Naciones sobre el Abuso y el Fraude Ocupacional presenta un árbol del fraude con una amplia clasificación que se agrupan en tres categorías:

- Apropiación indebida de Activos
- Documentos fraudulentos (Estados financieros)
- Corrupción

La apropiación ilegal o indebida de activos: Esta modalidad incluye el robo de activos de la empresa (dinero en efectivo o inventario). Cuando se trata de dinero en efectivo, puede ser el robo del disponible en caja, apropiarse de lo cobrado, o realizando desembolsos fraudulentos. La apropiación o robo de lo cobrado se puede materializar antes de su registro contable al producirse una venta, al realizar el cobro de facturas pendientes o cuando se generan reembolsos en efectivo. El efectivo cobrado puede ser hurtado también después de su registro contable de la caja, de una venta o de cobros realizados. Los desembolsos fraudulentos se presentan en esquemas de facturación, planillas, reembolso de gastos, falsificación de cheques y desembolsos en cajas registradoras.

La apropiación indebida de inventarios y otros activos comprende el uso indebido de activos de la empresa (utilizar un vehículo de la empresa para asuntos personales), y el hurto después de su registro contable mediante la: confiscación y transferencia de activos, compras y ventas falsas, comprar y recibir (la compra se realiza por la empresa, pero el activo lo recibe el defraudador para su uso), o el hurto no disimulado.

Documentos fraudulentos: Consisten principalmente en la falsificación de los estados financieros de la organización mediante la:

- Sobreestimación de activos o ingresos, y/o
- Subestimación de pasivos o gastos

Nations on Occupational Fraud and Abuse.

Las modalidades de perpetración consisten en registros contables con diferencias de tiempo, ingresos ficticios para incrementarlos o subestimados para presentar menos gastos, pasivos subestimados o gastos ocultos, así como presentar la valuación que no corresponde a los activos y hacer revelaciones indebidas en las notas de los estados financieros.

Los casos de documentos fraudulentos también incluyen la falsificación de credenciales, la alteración de los documentos de prueba, o la elaboración de informes falsos.

La corrupción es una categoría del fraude, según el diccionario de la RAE, viene del latín *corruptĭo, -ōnis*. Tiene las siguientes acepciones: 1. Acción y efecto de corromper. 2. Alteración o vicio en un libro o escrito. 3. Vicio o abuso introducido en las cosas no materiales. Corrupción de costumbres, de voces. 4. *Der.* En las organizaciones, especialmente en las públicas, práctica consistente en la utilización de las funciones y medios de aquellas en provecho, económico o de otra índole, de sus gestores.

La guía *"Fundamentals of Fraud Detection and Prevention"*, define la corrupción como: *"Aquellos mecanismos en los que los defraudadores utilizan su influencia en un negocio y tratan de obtener algún beneficio (personal o para terceros). Esta acción es contraria a su deber para con su empleador o con los derechos de los demás"*.

De acuerdo con el sistema de clasificación de fraude y abuso ocupacional del Reporte a las Naciones sobre el Abuso y el Fraude Ocupacional, las modalidades de la corrupción son: Soborno (comisiones ilegales o licitaciones manipuladas), Conflictos de interés (esquemas de compra o esquemas de venta), Agradecimientos ilegales, y Extorsión económica. Este es un problema global, la Organización Internacional de Normalización está desarrollando la ISO 37001, sistema de gestión antisoborno.

Elementos del fraude

Son tres los elementos que están presentes y caracterizan la comisión de fraudes, estos son: oportunidad, presión y racionalización.

Oportunidad: Dice el refrán popular: *"en arca abierta, el justo peca"*, cuando se presenta la ocasión, sucumbe hasta el más honrado. Es la coyuntura o conveniencia de tiempo y de lugar que tiene cualquier persona para cometer una fechoría. La circunstancia que permite a alguien encontrar una manera de cometer un acto ilícito tomando ventaja de su posición en la empresa. Esta persona, además de la posición que detenta, requiere de una coyuntura donde el control interno es débil. En las organizaciones, quienes tienen la "oportunidad" son las personas que manejan recursos, sean estos financieros, insumos o activos. Por ejemplo: en la tesorería se emiten los pagos; si el tesorero percibe que nadie los revisa, tiene "oportunidad" de pagarse a sí mismo o a otros, buscando beneficiarse.

La oportunidad para cometer actos ilícitos es mayor cuando los activos no están registrados en los libros, o se dan avances de efectivo sin exigir cuentas. Las comisiones, fechas antiguas, falta de inspección, hacer entrega de dinero o bienes sin recibos, pueden ser una oportunidad para algunos.

Establecer controles, verificar, supervisar, dar cuenta, son mecanismos que bloquean la oportunidad y la coyuntura para cometer actos ilícitos. El establecimiento de estos dispositivos en la empresa, es responsabilidad de quienes las dirigen, de los líderes empresariales.

Presión: Es la fuerza o coerción que alguna circunstancia interna o externa ejerce sobre una persona para que actúe de cierta manera. En un fraude, la persona que lo comete generalmente actúa por un apremio de tipo económico o financiero. Por ejemplo: tener obligaciones urgentes que pagar, mantener un nivel de vida fuera de sus posibilidades, tener que reportar resultados económicos que cumplan con lo exigido. También puede existir presión con índole distinta a la financiera, como el reto de demostrar que puede "ganarle al sistema". Este reto consigo mismo, o para con otros, se convierte en monetario cuando logra su objetivo y busca obtener algún provecho económico.

Circunstancias que originan presión: tratar de lograr "a como dé lugar" los números prometidos, procurar que el auditor no descubra algún hecho que se quiere ocultar. Evitar dejar rastro al cometer un error o alguna irregularidad. Sentirse incómodo en el cargo que desempeña o con alguna situación en particular. Cuestionar o estar en desacuerdo con alguna política o decisión que ha tomado la empresa, quitarse del camino algún obstáculo.

Las empresas pueden prevenir y manejar la presión al que suelen estar sometidos quienes manejan recursos financieros o materiales. La prevención puede efectuarse desde el área de gestión humana, ofreciendo capacitación para manejar las finanzas personales. El supervisor puede mostrar flexibilidad y dar retroalimentación positiva cuando alguien de su equipo comete errores involuntarios. También es labor del supervisor detectar los problemas financieros que pueda tener su personal para brindarle orientación oportuna. La empresa puede tener una política para ofrecer apoyo financiero mediante préstamos que podrían aliviar los casos puntuales de apuros económicos. Es una función del líder empresarial, mantenerse atento para detectar las señales que presenta la presión financiera en los empleados.

Racionalización: Proceso por el cual, se busca una razón que justifique la comisión de una irregularidad, fraude o acto ilícito. La persona que tiene la oportunidad y la presión para cometer un hecho irregular, busca justificarse para perpetrar una acción impropia. Trata de engañarse diciéndose a sí misma que su proceder es correcto, que no está cometiendo un crimen ni delito alguno. El perpetrador de una irregularidad o fraude, dice para sí mismo cosas como: "todo el mundo lo hace, ¿por qué no puedo hacerlo yo?", "tomaré el dinero prestado, luego lo devolveré" (nuca lo devuelve), "estoy tomando lo que no me han dado cuando realmente lo merezco" (se siente mal pagado y poco reconocido), "nadie se enterará" (piensa que nadie lo está viendo), "esto se debe a mi esfuerzo, me pertenece" (cuando ha tenido algún logro y considera que no lo han recompensado), "la empresa se lo puede permitir", "no perjudico a nadie", "no me pagan lo suficiente".

El proceso de racionalización que hace una persona para justificar el hecho impropio que comete, está muy relacionado con sus valores personales. Los valores se adquieren en la formación del hogar y los primeros años escolares, también pueden ser moldeados más adelante. Las empresas que realizan actividades para implantar y fortalecer una cultura con valores en su personal, establecen un clima ético. Estas iniciativas actúan en forma positiva cuando se presenta la "oportunidad" y existe la "presión" para cometer un acto ilícito. Una persona con fortaleza en sus valores éticos no podrá justificarse a sí mismo para cometer un hecho irregular o fraude por más que tenga la oportunidad y presión.

También hay motivaciones personales que inhiben a las personas cuando tienen la "oportunidad" y alguna "presión" para cometer una irregularidad; esas motivaciones impiden la racionalización. Hace algunos años, fue noticia en Nueva York que un oficial de policía se encontró una bolsa con cincuenta mil dólares. Teniendo la oportunidad y tal vez la presión para quedarse con el dinero, el proceso de racionalización hizo que reportara su hallazgo. Los periodistas que lo entrevistaron le preguntaron por qué había devuelto el dinero si nadie lo había visto, él respondió: *"No estoy seguro si alguien me vio, por las dudas lo reporté. Estoy a punto de jubilarme y no quiero dar motivos que perjudiquen mi carrera"*.

Las pérdidas por casos de fraude en las organizaciones tienen un importante impacto financiero. Los Examinadores de Fraude Certificados estiman que el costo para las empresas es de un 5% de sus ingresos anuales. Según los estudios realizados, más de la mitad de los casos analizados causaron pérdidas por debajo de 200 mil dólares, y más de una quinta parte al menos un millón de dólares.

Los procedimientos de prevención del fraude y corrupción incluyen: La seguridad de los registros para prevenir pérdidas o su destrucción. La confirmación mediante inventarios físicos sobre la existencia de activos, identificando los niveles de riesgo. Tener medios de comunicación internos y tomar acciones inmediatas cuando se detecta la falta de activos. Establecer múltiples formas para obtener información de actividades de corrupción con proveedores, clientes y terceros, que se observen o sospechen. Utilizar líneas telefónicas especiales, avisos informales, reporte de los afectados, violaciones del control, entrevistas, auditorías, y monitoreo proactivo. Atender con prontitud las alertas o "banderas rojas" que pueden presentarse por soborno comercial, regalos o entretenimiento no contemplados en las políticas. También las transacciones de alto riesgo como cobranzas y pagos en efectivo, registros contables que no se reportan, compromisos de compensación, etc.

La buena gestión, sigue una metodología y es sinónimo de buenos resultados financieros, operativos y en el ámbito social. La gestión sin métodos es propicia para que se comentan irregularidades y, por ende, los resultados no son los esperados. El próximo capítulo ilustra cómo el descuido, falta de orden o incumplimiento de las normas, hacen mella en la empresa. La teoría de las ventanas rotas y la anomia, revelan las consecuencias por la carencia de controles, producto de una gestión inadecuada.

Teoría de las ventanas rotas y la anomia

En cierta ocasión presencié un robo del que fue víctima una joven mujer. Ella ocupaba el asiento delantero de un autobús; cuando soltó un grito y todos los pasajeros se asomaron a ver lo que ocurría. Pude notar que un individuo había bajado a toda prisa y corría escapando con las joyas de la víctima en la mano. El lugar donde ocurrió este hecho, fue un barrio "peligroso" de la ciudad de Lima. Estos robos suceden con frecuencia en ciertas zonas de las grandes ciudades.

La teoría de las ventanas rotas trata de la delincuencia: intenta explicar su origen y brindar algunas soluciones. Demuestra que la probabilidad de cometerse hechos delictivos es mayor en ambientes descuidados y deteriorados. Lugares donde no se cumplen las leyes, las reglas no son claras y hay pocos controles, son propicios para que prospere la delincuencia. La hipótesis surge de un experimento realizado en los Estados Unidos por un profesor universitario. De los resultados obtenidos se desarrolló una teoría que fue aplicada con éxito por algunas autoridades para reducir la tasa delictiva en algunas ciudades. En el campo empresarial la teoría puede relacionarse con la falta de normas o el incumplimiento de ellas.

La sociología denomina anomia a la falta de reglas. Esta carencia contribuye de manera importante a que se produzcan conductas desviadas. De tal forma que, este término se emplea en sociología para referirse a la desviación o ruptura de las normas sociales. Las desviaciones en la conducta de las personas se reflejan en la escuela, la universidad, la comunidad, las empresas, etc. Cuando las normas de conducta son poco claras, no se pueden lograr los objetivos ni implementar una cultura ética. Es preciso que los líderes de las organizaciones establezcan las reglas de juego con claridad para exigir su cumplimiento. Aquellas empresas que tienen políticas, normas y procedimientos escritos, pero que en la práctica se incumplen, caen en la anomia.

En el campo de la psicopedagogía, Marina Segura[6], señala las siguientes como características de las normas verdaderamente educativas:

Pocas. Al ser escasas serán más fáciles de recordar y cumplir.

Claras. Es necesario que sean comprensibles para el niño ya que debe saber exactamente qué debe hacer y qué no.
Positivas para el desarrollo del niño. Deben ser útiles para su crecimiento normal y no dictado por intereses, por los nervios del momento o por el afán de dominarlos o someterla a la voluntad de los padres.

Razonadas y razonables. Es importante que los hijos vayan pensando y decidiendo por sí mismos. Para ello es necesario que los padres les expliquen los motivos y las razones en que se basan los límites y las normas y que las manifiesten con sencillez y sinceridad. Asimismo, los padres deben involucrar a sus hijos y pedirles su opinión sobre lo que les piden o sobre cómo podría llevarse a cabo.

Exigidas con coherencia, con firmeza y constancia. Hay que evitar que el cumplimiento de las normas dependa del estado de ánimo de los padres.

Cuyo incumplimiento tenga consecuencias claras que se apliquen. No se trata de castigar por castigar, sino de que los hijos aprendan que las conductas tienen consecuencias y que no cumplir las normas también las tiene. Las consecuencias deben ser proporcionadas y aplicadas también con consistencia.

Los valores éticos se adquieren desde temprana edad, los padres como líderes del hogar tenemos la responsabilidad de enseñar normas de conducta a nuestros hijos. Esta formación incluye la

---

6 SEGURA, M., (Mayo, 2011) Artículo publicado en la revista EL ANCASTI.

honestidad, el respeto y otros valores fundamentales que son la base de la vida adulta exitosa. No se trata de moralismos, sino de formación para la convivencia sana en sociedad y el comportamiento como integrante de ella. Como dice Sabater en su libro Ética para Amador: *"En lo de vivir bien, la sabiduría o el ejemplo de los demás pueden ayudarnos, pero no sustituirnos..."*. El tema se trata con mayor detalle en el capítulo referido al Ambiente de Control según COSO y la norma ISO 26000.

Según Wikipedia, "La Teoría de las ventanas rotas es una hipótesis de *criminología* por la cual mantener los entornos urbanos en buenas condiciones puede parar el vandalismo y tasas de crimen". Los orígenes se remontan al año 1969, cuando el profesor Phillip Zimbardo de la Universidad de Stanford, realizó un experimento. La investigación con un equipo de especialistas en psicología social consistía en determinar el comportamiento de la gente en distintos ambientes socio-económicos. El ensayo se basó en dejar dos automóviles idénticos, de la misma marca, modelo y color, abandonados en la calle. Uno de los vehículos fue dejado en el Bronx, zona muy conocida de la ciudad de Nueva York. Este lugar estaba poblado por gente que en su mayor parte era pobre y hasta cierto punto conflictiva. El otro automóvil fue dejando en Palo Alto, una zona de gente adinerada y tranquila de la ciudad de California.

El automóvil del Bronx fue víctima del vandalismo a las pocas horas de haber sido abandonado. La gente se robó todo lo que podría utilizar como repuesto y fue destruyéndolo al quitar las piezas que se iban llevando. El de Palo Alto se mantuvo intacto pese a que se dejó por más tiempo que el del Bronx. El profesor Zimbardo y su equipo prosiguieron estudiando la conducta de las personas en distintos lugares, y continuaron con el experimento la semana siguiente.

El próximo paso consistió en romper los vidrios del automóvil que estaba en Palo Alto para conocer la reacción de la gente en esta zona rica y tranquila. El resultado que se obtuvo fue el mismo que en el Bronx: la gente procedió a robarse los accesorios del automóvil empleando la violencia y destrozando el vehículo. Nos preguntamos: ¿Por qué los vidrios rotos del automóvil dejado en un barrio supuestamente "seguro" es la causa de estos actos delictivos?, pueden darse diversas respuestas. Cualquier explicación estaría relacionada con la psicología humana y el comportamiento social, pero no con la condición económica. Este experimento parece evidenciar que los vidrios rotos de un automóvil abandonado transmiten la idea de desinterés y despreocupación por parte de su dueño. El deterioro que la gente aprecia en cualquier cosa o lugar, rompe con ciertos códigos de convivencia humana. Las personas sienten la ausencia de normas y reglas de conducta, tienen la sensación de que la ley no se aplica y creen que " todo es posible".

Posteriormente, en marzo de 1982, *The Atlantic Monthly* publicó un artículo de James Q. Wilson y George Kelling, titulado: "Ventanas Rotas". La publicación tiene como sustento el experimento del profesor Zimbardo; surge así la teoría de las ventanas rotas. En el artículo se propone como ejercicio el considerar un edificio con una ventana rota. Si la ventana no se repara, los vándalos tenderán a romper unas cuantas ventanas más. Incluso hasta irrumpirán en el edificio, y si está abandonado será ocupado por ellos; hasta pueden prenderle fuego o destinarla a su guarida. Se acumulará la basura y el resto de la gente también dejará más desperdicios, se cometerán paulatinamente más actos delictivos. Sobre las bases de este artículo, George L. Kelling y Catherine Coles escribieron el libro **Arreglando Ventanas Rotas**[7] sobre criminología y sociología urbana. El libro trata del crimen y la delincuencia, estableciendo estrategias para contenerlo o eliminarlo de vecindarios urbanos. Considera que una buena táctica para prevenir el vandalismo es arreglar los problemas cuando éstos son aún pequeños. Al reparar las ventanas rotas rápidamente, en un día o una semana, disminuirá la tendencia a que los vándalos actúen. Se evitará que se destruyan otras ventanas o se haga más daños en la propiedad ajena. Al limpiar las aceras todos los días, la tendencia será menor a que la gente bote basura al piso o que ésta se acumule. Los problemas estarían más controlados, evitándose que los residentes huyan del vecindario por temor a ser víctimas de la delincuencia. La teoría plantea la siguiente hipótesis: con estas acciones, los crímenes menores y el comportamiento antisocial, disminuirán; como resultado, los delitos de primer grado serán prevenidos.

---

7 KELLING, G. y COLES, C., (1998). *Fixing Broken Windows*. Free Press.

Kelling, fue contratado como consultor por la policía de Los Ángeles, de Boston y el Departamento de Tránsito de la ciudad de Nueva York. Las autoridades implementaron medidas robustas fundamentadas en la teoría de las Ventanas Rotas. El sistema del metro de Nueva York fue limpiado completamente entre 1984 y 1990, los grafitis fueron ordenados, se controló las evasiones del pago de pasajes. Los pequeños robos y desórdenes fueron controlados y los resultados fueron evidentes, se hizo del metro un lugar seguro. La tasa de criminalidad se redujo significativamente, y al ser consistentes con esta medida, continuaron disminuyendo durante los diez años siguientes. Otras ciudades de los Estados Unidos obtuvieron resultados similares con programas como "Calles Seguras", "Tolerancia Cero", etc.

El comportamiento de la gente al estar en cualquier lugar completamente limpio y ordenado, es diferente a estar en un lugar sucio y desordenado. En el primero, es respetuoso, no genera basura, se esfuerza por conservar el orden y la limpieza del lugar. En cambio, cuando se encuentra en un ambiente sucio, con papeles y basura en el piso, no tiene reparo alguno en echar más papeles o desperdicios. Los insectos como las cucarachas y roedores como las ratas, abundan en lugares sucios y descuidados, cuesta mucho erradicar tales plagas. Cuando se han instalado en un espacio determinado, hay que fumigar, limpiar y mantener el orden y limpieza continuamente para evitar que vuelvan. La teoría de las ventanas rotas funciona así: si se rompe el vidrio de la ventana de una casa y no se repara, pronto estarán rotos todos los demás vidrios. La comunidad interpretará los signos de deterioro, la apariencia de que la casa no le importa a nadie, propiciará que ahí se cometan delitos. Las autoridades deben controlar las pequeñas faltas, cuando estacionan vehículos en lugares prohibidos, no respetan la luz roja o manejan con exceso de velocidad. Dejar estas faltas sin control ni sanción alguna, propicia la comisión de faltas mayores y delitos cada vez más graves. Cuando los parques y otros espacios públicos son abandonados, se van deteriorando, la mayoría de la gente deja de visitarlos. Las personas no salen a las calles por temor a ser víctimas de asaltos y fechorías. Cuando esto ocurre, el efecto es contraproducente, los delincuentes ocupan los espacios públicos y la criminalidad irá en aumento. En las grandes ciudades cuando la policía no hace cumplir las normas de circulación, el tránsito se vuelve un caos. Lima es un mal ejemplo de esta situación, los conductores hacen lo que quieren, pueden voltear desde cualquier canal sin problemas. Los peatones tienen menos prioridad que los vehículos, en presencia de la policía se cometen infracciones que no se sancionan. Se ha perdido la autoridad, llegando a extremos de agresiones físicas de conductores a policías que intervienen por alguna infracción. Esta es una situación que las autoridades deben atender de manera urgente para restituir el orden en el tránsito limeño.

En las empresas, el efecto de la teoría de las ventanas rotas o anomia se manifiesta cuando hay desorden en los procesos. Las políticas, normas y procedimientos, se irrespetan, dejando sin castigo a los que las incumplen, la gente hace lo que quiere. En un ambiente así, se cometerán faltas cada vez más graves y la organización será víctima de situaciones irregulares. Está la oportunidad para cometer abusos en la utilización de los recursos, propiciar robos, situaciones de fraude y hechos de corrupción. Por el contrario, cuando se mantiene el orden y se respetan las normas, cada uno de sus integrantes se conduce responsablemente. Las faltas cometidas se sancionan debidamente y la organización es eficiente y eficaz en el logro de sus objetivos. Solo se requiere la voluntad y actuación de los líderes empresariales, para que se implemente una cultura con principios y valores. Es necesario que estos líderes propicien y apliquen los cambios en su cultura organizacional; una formación con base en valores y principios. Los beneficios de implementar la cultura ética son muchos, hay orden, respeto y responsabilidad para lograr buenos resultados. Los valores y principios deben mantenerse y fortalecerse mediante programas e iniciativas con participación de todos los miembros de la organización. Para tener éxito en la implementación y mantenimiento de esta cultura, se requiere planificación, disciplina y persistencia. Tener en cuenta que los cambios no se logran rápidamente, es cuestión de tiempo lograr la cultura ética en la empresa. Hay que generar un ambiente de control con base a principios que todos reconozcan, acepten y cumplan continuamente. Este tema se trata con mayor detalle en el próximo capítulo: el Ambiente de Control según COSO y la norma ISO 9001.

Ambiente de Control en COSO y, normas ISO 9001 y 37001

El Comité de Organizaciones Patrocinantes (*Committee of Sponsoring Organizations*), de la comisión Tradeway, es conocido como COSO (siglas del inglés). Agrupa a representantes de: American Accounting Association (AAA), American Institute of Certified Public Accountants (AICPA), Financial Executive Institute (FEI), Institute of Internal Auditors (IIA), e Institute of Management Accountants (IMA). En 1992 estableció el informe COSO I como el "Marco integrado de control interno" (*The internal control integrated framework*), revisado en el 2013. Con esta revisión se adaptó la metodología a la nueva realidad de negocios globalizados y la evolución de los sistemas de información. Consideró también, las necesidades de prevenir fraudes, las nuevas regulaciones de muchos países, las mayores expectativas de la competencia y responsabilidad profesional.

Según COSO, control interno es el proceso diseñado por la gerencia de una organización con el fin de dar seguridad razonable en cuanto al logro de sus objetivos. Los aspectos fundamentales que comprende la metodología son: promover la efectividad y eficiencia de las operaciones de la organización, asegurar la confiabilidad de los informes financieros, y el cumplimiento de leyes y regulaciones que correspondan.

El proceso diseñado por la gerencia consiste en un conjunto de políticas, procedimientos, normas y actividades establecidas para las distintas operaciones de la empresa. El control interno como sistema está conformado por cinco componentes fundamentados en principios, algunos se detallan más adelante. El sistema tiene por finalidad asegurar que la entidad logre sus objetivos bajo las condiciones, circunstancias y tiempo establecidos. También se promueve la eficiencia para utilizar los recursos necesarios sin derroche ni desperdicio, logrando los resultados financieros proyectados. Este proceso es beneficioso para todas las partes interesadas, entes relacionados y vinculados a la empresa que implemente la metodología.

El control interno es relevante porque permite reducir a niveles aceptables los riesgos que pueden afectar negativamente el logro de los objetivos empresariales. Para que el proceso del control interno sea eficaz, es indispensable que la entidad implemente y ponga en práctica los componentes establecidos por COSO. Éstos deben estar integrados e interactuar con sus principios a nivel de la empresa, de una división, unidad operativa o actividad. A juicio de la gerencia, se determinará si los componentes y principios establecidos por COSO, están presentes, imperantes y ejercitándose.

El fundamento de la estructura de control interno es el **Ambiente de Control**, la base que sostiene todo el sistema. El conjunto de normas de conducta, procesos y estructuras que establece el Directorio, son las pautas relativas al control interno. La gerencia refuerza las expectativas del Ambiente de Control en toda la empresa, demostrando integridad y valores éticos en sus actuaciones. El Directorio realiza sus funciones de vigilancia sobre las bases de una estructura organizativa y la asignación de autoridad y responsabilidad. Se complementan estas funciones con procesos de selección de personal para atraer, desarrollar y retener gente competente. Estableciendo medidas de desempeño, incentivos y recompensas se impulsa la responsabilidad en el cumplimiento de las funciones que permitan lograr los objetivos de la empresa. El Ambiente de Control, resulta del proceso fomentado por el Directorio y ejecutado por la gerencia, tiene un impacto que penetra en toda la organización.

Los controles bien diseñados e implementados en las empresas, son mecanismos que permiten reducir o bloquear la "oportunidad" para cometer irregularidades. Cuando se establecen controles sin metodología, pueden quedar vacíos que generen oportunidades para "hacer trampa" o cometer hechos fraudulentos. Por lo tanto, es importante que, se implementen controles en los procesos del negocio siguiendo una metodología eficiente y efectiva.

Según COSO, la gerencia y el Directorio determinan que el control interno es eficaz cuando tienen la seguridad razonable en cuanto a los siguientes aspectos:

1. Baja probabilidad de que ciertos eventos externos impacten significativamente el logro de objetivos en sus OPERA-CIONES, o que éstos se puedan predecir razonablemente en cuanto a su naturaleza y frecuencia, para tomar acciones de mitigación a niveles aceptables.
2. Se elaboran los REPORTES financieros y no financieros de acuerdo con las leyes, reglamentos y demás disposiciones legales, de reguladores y otros organismos, así como con las políticas emanadas de la gerencia.
3. Se da CUMPLIMIENTO a las leyes, normas, reglamentos y regulaciones aplicables.

La metodología COSO está constituida por los siguientes componentes:

1. Ambiente de Control,
2. Evaluación de Riesgos,
3. Actividades de Control,
4. Información y Comunicación, y
5. Actividades de Monitoreo.

Estos componentes se fundamentan en principios asociados a cada uno de ellos, que deben estar vigentes y actuando en toda organización. Son diecisiete todos los principios, cinco en Ambiente de Control, como: "Comprometerse con la integridad y la ética", "Ejercer la responsabilidad de supervisión", etc. Cada principio tiene diversos puntos de foco, tales como: "Pautas establecidas en la cima" y "Normas de conducta", que atañen al principio: "Comprometerse con la integridad y la ética". La metodología COSO cuenta con ochenta y un (81) puntos de foco, que son adecuados para toda entidad. Los principios tienen particular relevancia porque permiten entender y aplicar detalladamente cada uno de los compontes. Su incidencia es significativa porque determinan si el componente al que se les asocia, está vigente y activo en la empresa.

43

La gerencia puede considerar que algún principio tiene poca o ninguna relevancia para alguna de sus operaciones, negocios o industria específica. En tal caso, debe ejercer un juicio razonable para establecer el equilibrio costo beneficio de la implementación del control interno. Esta omisión debe demostrar que, en ausencia del principio excluido, su componente asociado está implementado, tiene vigencia y actividad plena. COSO requiere que los cinco componentes estén operando en conjunto y de manera integrada, reduciendo a niveles aceptables los riesgos. Son interdependientes y tienen muchos vínculos de interacción con los diecisiete principios y puntos de foco de la metodología. Cuando se establecen normas de conducta, medidas e incentivos de desempeño, se está actuando en el Ambiente de Control. La Evaluación de Riesgos permite identificarlos y analizarlos para reducir las posibilidades de ocurrencia de situaciones que pueden afectar el logro de objetivos. Diseñar e implementar políticas, procedimientos y procesos, son tareas relacionadas con las Actividades de Control, que contribuyen a mitigar los riesgos que se han identificado y analizado. Los procesos generan datos relevantes que luego se divulgan a los grupos de interés, a través de: Información y Comunicación. Estas funciones están sujetas a una evaluación y revisión continua para asegurarse de que los procesos funcionan tal como están diseñados. La supervisión de los procesos del negocio está contemplada en el componente: Actividades de Monitoreo. Como se puede apreciar, las interrelaciones entre los componentes de COSO, están alineados con el método de gestión de la calidad PHVA.

Las deficiencias en el control interno de la empresa deben ser comunicadas a los responsables de tomar acciones correctivas. Para comunicar adecuadamente de estas imperfecciones, se requiere la compresión de la estructura organizativa, línea de informes, autoridad y responsabilidades. La gerencia puede demostrar que el sistema de control interno está operando, cuando los componentes están presentes y en funcionamiento. También podrá revelar con certidumbre que las deficiencias de control interno son corregidas oportunamente.

El reto de la gerencia es implementar un sistema de control interno para cumplir con los objetivos de la organización, evitando cualquier situación irregular. Al establecerlo siguiendo los parámetros establecidos por la metodología COSO, tendrá mayor probabilidad de lograr con éxito el reto planteado. Las empresas son dinámicas, por lo que el sistema requiere mantenerse actualizado y revisado frecuentemente. Los objetivos, procesos del negocio y actividades pueden cambiar, el control interno debe adaptarse rápidamente a los cambios.

En el diccionario de la RAE, una definición de Principio es: *"Norma o idea fundamental que rige el pensamiento o la conducta"*. Otra de las definiciones indica: *"Cada una de las primeras proposiciones o verdades fundamentales por donde se empiezan a estudiar las ciencias o las artes"*. Las normas ISO 9001 y 26000 establecen algunos principios como las primeras proposiciones por dónde empezar a estudiarlas y aplicarlas. Los principios se consideran ideas fundamentales que rigen la aplicación y práctica de cada una de estas normas ISO. Se dice que una persona tiene principios cuando es consistente al actuar de acuerdo con sus convicciones fundamentales. Los principios que rigen nuestra conducta se forman en el hogar, en el trabajo o en los lugares que frecuentamos. Al estar arraigados, orientan la acción de las personas, las ciencias y las artes fijan principios como sus proposiciones fundamentales. Las personas que carecen de principios, son impredecibles, pueden ser peligrosas al actúan sin convicciones, podrían cometer cualquier fechoría.

Las **normas ISO 9001:2015 y 37001:2016**[8] establecen los requisitos de estos sistemas de gestión de la calidad y antisoborno respectivamente, en los siguientes capítulos:

- Contexto de la organización,
- Liderazgo,
- Planificación,
- Recursos de apoyo,
- Operación
- Evaluación del desempeño, y
- Mejora,

La ISO 9001:2015 establece los requisitos de un Sistema de Gestión de la Calidad (SGS) para demostrar la capacidad de una

---

8 Sistemas de gestión de la calidad. Requisitos (ISO 9001:2015). Septiembre 2015. Version oficial en español de la Norma Europea EN ISO 9001:2015. Sistemas de gestión antisoborno. Requisitos con orientación para su uso (ISO 37001:2016). Octubre 2016.

organización en proporcionar regularmente productos y servicios. Lo cual implica la satisfacción de los requisitos de los clientes, así como los establecidos en las leyes y reglamentos aplicables. Cuando una entidad aspira incrementar la satisfacción de sus clientes mediante la aplicación eficaz y mejora de procesos, implementa un SGS.

Las empresas se deben a sus **clientes**, sin ellos no puede considerarse empresa sino cualquier otro tipo de organización. Una entidad creada invirtiendo grandes cantidades de dinero en infraestructura y contratación de personal, sólo será empresa cuando tenga clientes. El principio de enfoque al cliente es algo que en pocos negocios practican a cabalidad, muchas empresas lo descuidan. Si lo aplicaron en algún momento, no son consistentes, prestan más atención a cumplir con volúmenes de venta y postergan la atención al cliente. Muchas veces quienes dan la cara a los consumidores, carecen de entrenamiento, además los mecanismos de atender reclamos no funcionan. Hay personas que atienden las cajas de grandes almacenes con manifiesta cara de insatisfacción, parecen obligados a estar sentados ahí. Demuestran poca coordinación con sus proveedores para atender solicitudes de los clientes, como la atención de servicios de instalaciones. Un amigo que mudó su domicilio, solicitó a una operadora de cable la instalación de internet en su nueva vivienda. Esta empresa que contrata los servicios de terceros para realizar la instalación, ofreció que en un par de días lo harían. La sorpresa fue que el mismo día lo llamaron para instalar el sistema al día siguiente. Fue una impresión agradable para mi amigo, por la "demostración de eficiencia". Transcurrieron menos de 24 horas cuando lo volvieron a llamar para coordinar nuevamente la instalación, al indicarles que estaba hecha, quedaron en averiguar. Volvieron a llamarlo al día siguiente, para informarle que el sistema no tenía registrada la instalación, por lo que había que proceder nuevamente. Le quitaron el servicio y se quedó sin Internet por más de una semana, hasta que hicieran una nueva instalación. Una muestra de la mala coordinación entre las distintas áreas y los servicios externos que atienden a los clientes.

Es necesario que las personas encargadas de atender a la clientela, entienda sus necesidades para satisfacerlas, de ser posible superando expectativas. Las empresas serán sustentables en el tiempo, en la medida que tengan éxito atendiendo las necesidades actuales y futuras de sus consumidores. Cuando lo hagan, gozaran de la confianza y fidelidad de quienes las sostienen adquiriendo y consumiendo sus productos o servicios. En las experiencias que una entidad tiene al interactuar con sus clientes, se presentan oportunidades que pueden ser capitalizadas. La empresa debe conocer siempre las necesidades cambiantes de consumidores cada vez más exigentes, mejor y más informados. Los esfuerzos por conocer estas necesidades y expectativas, permitirá ofrecer productos y servicios que podrían superar lo que ellos esperan. Adelantarse a la disrupción de sus productos.

La **ISO 37001:2016** establece los requisitos de un Sistema de Gestión Antisoborno (SGSA), mediante el compromiso de los líderes de la organización con su implementación. Proporciona un marco de para el establecimiento de una cultura de integridad, transparencia, honestidad y cumplimiento de las leyes aplicables. Los aspectos clave para la implementación de esta norma certificable son:

- Política antisoborno
- Gestión de los riesgos de soborno
- Procedimientos de debida diligencia
- Controles financieros y No financieros
- Política y procedimiento sobre regalos, atenciones, donaciones y beneficios similares
- Canal de denuncias e investigación del sobrono.

Los aspectos clave antes indicados, documentan la operación del sistema de gestión; sin embargo, hay un factor fundamental para su éxito. Es la toma de conciencia y formación antisoborno de su personal y socios de negocio que actúan en nombre de la organización. En estas actividades periódicas se abordan asuntos como las circunstancias en las que pueden presentarse sobornos y cómo reconocerlas. Los riesgos de soborno a los que están expuestos, reconocer indicadores de estos riesgos, reportando cualquier sospecha de soborno.

Los líderes deben procurar la alineación de los objetivos de las distintas áreas y procesos con los planes estratégicos. Otro asunto que deben acometer, es asumir la responsabilidad y obligación de rendir cuentas sobre la eficiencia del sistema. La rendición de cuentas, muchas veces se descuida siendo uno de los aspectos más importantes a considerar en toda gestión empresarial. Rendir cuentas o *Accountability* en inglés, es un principio que la ISO 26000 y COSO tratan con singular importancia.

El líder conduce por el camino correcto para lograr los objetivos, respondiendo a la interrogante de hacia dónde y cómo dirigir los pasos. La función de liderazgo exige ejemplos en el comportamiento diario, en los detalles pequeños como el saludo y respeto a los demás. Decía el Rey Felipe VI al asumir su reinado: "*buscar la cercanía con los ciudadanos, saber ganarse continuamente su aprecio, su respeto y su confianza, con una conducta íntegra, honesta y transparente, porque los ciudadanos demandan con toda razón que los principios morales y éticos inspiren —y la ejemplaridad presida— nuestra vida pública*". El tema del liderazgo empresarial es tratado también en el capítulo que versa sobre ambiente de la cultura organizacional.

En una empresa, el líder máximo es el responsable de su personal y tiene la facultad de hacer los cambios necesarios. Las normas de rendimiento, las políticas, el ambiente de trabajo, determinan la cultura, la forma de **ser y actuar** de la organización. Si en una familia los padres no establecen normas claramente definidas, la formación en valores de los hijos será deficiente. Una de las tantas pautas que establecen los padres para formar ciudadanos con valores es la **disciplina**. Ser disciplinado para un niño implica: hacer primero las tareas escolares y establecer horarios para jugar, ver televisión, y otras actividades recreativas. La política familiar puede contemplar recompensas a los hijos cuando obtienen buenas calificaciones, disfrute de vacaciones, juguetes, diversión, entre otros. Las normas que se cumplen consistentemente en el hogar, determinan la cultura familiar, la forma de ser y actuar de sus miembros. En una empresa, como veremos más adelante, ocurre lo mismo; la cultura organizacional es el cumplimiento consistente de sus políticas y procedimientos. Cuando éstas se fundamentan en valores y principios universales, la cultura se fortalece impactando favorablemente en los resultados financieros.

El líder, sea una empresa familiar o no, tiene que estar pendiente constantemente de que las políticas y normas se cumplan. En ocasiones puede ser flexible, pero no puede permitir que la dinámica del día a día relaje las normas de conducta. El líder al ser flexible debe tener habilidad para evitar que las excepciones se generalicen dejando las normas inútiles, inservibles.

Quienes hacen que una empresa funcione, son **personas**; por lo tanto, el compromiso de los trabajadores es fundamental para la sustentabilidad. A diferencia de otros sistemas de gestión que se enfocan en procesos, el de soborno tiene que ver con las actividades de personas. Este delito no lo puede cometer una máquina, un equipo ni los productos o servicios de una organización. Como veremos más adelante, que cada empresa establece su cultura, y ésta depende del líder que la impulsa desde la cima. Cada entidad es diferente a otra, por más que sean de la misma industria y se encuentren en el mismo contexto. La forma de hacer las cosas difiere y las personas que laboran en ella deben ser éticas y competentes para desempeñar sus funciones. La competencia para el desempeño, tiene que ver con las habilidades, las destrezas y la capacitación actualizada periódicamente para cada puesto. Se requiere también que exista motivación para el trabajo, el buen desempeño no solo es capacidad técnica, sino también habilidades blandas. Como dice Daniel Goleman en su libro Focus: *"Para acercar al trabajador desmotivado al estado de flujo, es necesario intensificar la motivación y el entusiasmo, evocar una sensación de objetivo y agregar una pisca de presión"*.

Hace algunos años escuché una conferencia de Miguel Ángel Cornejo[+], en la que habló sobre el compromiso. Ponía un ejemplo ahora muy conocido, sobre la tortilla con jamón. Cornejo decía que el chancho estaba comprometido porque puso su vida para hacer la tortilla, mientas que la gallina solo se había involucrado aportando los huevos. Este ejemplo ilustra claramente lo que significa comprometerse, que es algo muy serio: hay que "poner la vida" en el compromiso. Estar comprometido no es solo decirlo, hay que demostrarlo "sudando la camiseta", es diferente a estar solo involucrado. Una cosa es aportar la idea del proyecto y olvidarse del asunto porque otros se comprometerán a ejecutarlo y hacerlo realidad. El que aporta la idea está involucrado con el proyecto; quien lo ejecuta está comprometido hasta lograr culminarlo con éxito. Para hacer la tortilla se requieren insumos: huevos, jamón, aceite, sal, y recursos: sartén, cocina, la persona que la hace. Se pueden tener los insumos y recursos, pero lo más importante es prepararla, que alguien esté dispuesto a hacerla. Si quisiéramos comerla con el desayuno, debemos contar con todos los insumos y recursos, si falta alguno no podríamos disfrutar del desayuno con tortilla. La vida laboral no es tan sencilla como preparar una tortilla, pero haciendo la analogía con el trabajo diario, también necesitamos de insumos y recursos. Lo más importante son las personas que trabajan en las empresas, ellas requieren estar dispuestas a realizar sus tareas para que ésta funcione.

El compromiso de las personas incluye el cumplimiento de las normas que se establecen para el buen funcionamiento organizacional. Las reglas son restrictivas y a la gente no le gusta las restricciones; sin embargo, su incumplimiento puede generar el caos. Por ejemplo, respetar las luces del semáforo es una regla universal de tránsito, si nadie la cumpliera, el tráfico sería una anarquía. Las organizaciones dictan pautas para establecer horarios de trabajo; incumplirlas genera problemas de coordinación interna, también con los clientes y proveedores. Muchos cumplen las disposiciones por convicción porque asumen conscientemente que no cumplirlas perjudica a otras personas o algún proceso. También hay quienes cumplen las normas solo por temor al castigo, para evitar sanciones morales o pecuniarias como multas. Los que actúan por temor al castigo son quienes cometen infracciones cuando se sienten libres de estar vigilados.

Hay que allanar el camino para que se tome consciencia y se cumplan las normas por convicción, evitar el temor al castigo. Muchas empresas tienen políticas y normas bien establecidas, pero la gerencia no hace el esfuerzo necesario para que éstas se cumplan. En estas entidades el personal hace lo que quiere, no existen medidas para quienes infringen las regulaciones. Una de las pautas que más se incumple en algunas organizaciones es la puntualidad para asistir a reuniones o llegar al trabajo. Los que por naturaleza son puntuales pierden su tiempo esperando que otros lleguen después de la hora pautada para la reunión. Si se calcula las horas perdidas a causa de la impuntualidad, se percatarían que el costo es bastante significativo. La gerencia es responsable de realizar estos cálculos, tomar medidas para exigir puntualidad y evitar las pérdidas que se generan. Muchos gerentes no lo hacen por "no incomodar" a los empleados, pero al pensar así perjudican a toda la organización. Además, pueden incurrir en "consideraciones al trabajador" y dejar de cumplir con las políticas y normas de la organización. Se justifica este proceder por el temor de que algunos empleados clave se incomoden y decidan abandonar la empresa. Esta justificación no tiene asidero en personas comprometidas, con valores éticos y principios, por lo tanto, "ser considerados" puede ser contraproducente. Quienes se dan cuenta del incumplimiento de ciertas disposiciones por "consideraciones" injustas, son las que deciden dejar la organización. Se van en busca de otra empresa donde sí se cumplen las normas, se respeta y valora el tiempo de los demás.

En el capítulo que trata sobre la gestión empresarial, se explicó la interrelación entre los procesos, aquí destacamos el principio: Enfoque basado en **procesos**. Al dejar de lado el enfoque departamental o por áreas funcionales, se identifican todos los procesos, sus interrelaciones e interacciones. La empresa que se centra en sus procesos, genera mayor valor para sus partes interesadas como clientes, trabajadores y otros. Al enfocarse en los procesos y poner atención a las interacciones, se identifican puntos críticos o cuellos de botella. El enfoque en los procesos persigue dar fluidez al sistema para que sean eficaces y eficientes logrando sus objetivos. La optimización de los procesos con cuellos de botella controlados, genera mayor productividad, mejores rendimientos y la creación de valor.

Toda **mejora** se logra a través del trabajo a conciencia, no como producto de la improvisación o la buena suerte. Con la aplicación de un modelo de gestión como PHVA, se logran avances para reducir errores, estableciendo la cultura de mejora continua. Cuando las exigencias de los clientes son mayores, es esencial que la empresa busque siempre la mejora de sus procesos, productos y servicios. Estos adelantos repercuten a lo interno y externo de la organización, creando oportunidades que pueden ser capitalizadas favorablemente.

La toma de **decisiones** es una constante en las actividades empresariales, para que éstas sean oportunas, deben sustentarse en evidencias. Analizar la información relacionada con el tema, permitiría reducir el grado de incertidumbre que implica tomar cualquier decisión. El análisis puede incluir la evaluación de causa y efecto, consideraciones de ciertas consecuencias y probabilidades de ocurrencia. Si los datos que se obtienen sobre hechos o pruebas realizadas se analizan con objetividad, las decisiones tomadas ofrecerán mayor confianza.

Las partes interesadas, tales como: trabajadores, proveedores, clientes, gobierno, accionistas, comunidad, etc., tienen influencia en el desempeño de la empresa. La gestión de las **relaciones** con las partes interesadas tiende a que esa influencia sea positiva para agregar valor a los procesos. Como ya hemos visto anteriormente, gestión implica la aplicación de un modelo que incluya planificación, ejecución de planes, revisión y acciones correctivas. Cada parte interesada tiene sus propias demandas de acuerdo con sus necesidades y expectativas que deben ser identificadas para ser atendidas. Descuidar la gestión de las relaciones puede ocasionar problemas para la empresa repercutiéndose en el logro de los objetivos.

Principios del Ambiente de Control:

Para lograr la eficiencia y efectividad con el componente Ambiente de Control de COSO, los principios que se alinean con las normas ISO son:

1. Demostrar compromiso con la integridad y la ética.
2. Ejercer la responsabilidad de supervisión.
3. Establecer una estructura, autoridad y responsabilidades.
4. Comprometerse con la competencia profesional.
5. Reforzar la responsabilidad de rendir cuentas.

Una organización tiene influenciada de una serie de factores internos y externos: historia, valores, mercado, competencia, regulaciones, entorno económico, social y político. Estos factores son considerados en el contexto de la organización de las normas ISO. Las políticas, normas y procesos definidos, guían a los trabajadores para llevar a cabo sus responsabilidades y tomar decisiones. La implementación y mantenimiento del Ambiente de Control según COSO, tienen comportamientos coherentes de compromiso con la integridad y los valores éticos. Este compromiso es similar a principios de la norma ISO 26000, tal como se verá en el capítulo relacionado con la cultura empresarial. Los valores éticos permiten resistir presiones internas o externas que pueden poner en riesgo el logro de los objetivos. Como vimos al tratar el tema del fraude, los valores son el fundamento para evitar que la racionalización justifique un hecho irregular. Los procesos, su estructura y diseño organizacional, permiten asignar autoridad y responsabilidad en todos los niveles. El sistema se fortalece con actitudes y comportamientos que reflejan compromiso con la integridad, valores éticos, vigilancia, responsabilidad y evaluación del desempeño. La cultura empresarial está bien arraigada cuando hay claridad y consistencia de conductas reforzadas en la práctica, con normas éticas. La cultura de una organización tiene estrecha relación con el Ambiente de Control que se ha definido, y se practica cotidianamente. Tiene gran influencia en el control interno, facilita la identificación, evaluación y acciones para mitigar los riesgos. Las comunicaciones y el acceso a la información son fluidas, las actividades de control y la supervisión se ejercen con naturalidad.

La actitud de quienes conforman los equipos de trabajo, es un factor importante para el buen desempeño y logro de objetivos. El ambiente empresarial se construye con base a la actitud de sus integrantes, desde el nivel más alto al más bajo. Cuando la actitud de todo un equipo es positiva, la falta de alguno de ellos puede afectar en diferente medida su desempeño. Un miembro nuevo que se integra al equipo, requiere de un período de adaptación para engranar en el conjunto. Los deportistas destacados tienen una actitud muy positiva para remontar el marcador cuando están perdiendo; Nadal y Federer por ejemplo. Dependen de su preparación física y mental para ganar un partido: con una actitud ganadora logran marcar la diferencia. Saben reaccionar oportunamente cuando están perdiendo, no se dejan vencer por circunstancias adversas. Las organizaciones toman el ejemplo de los ganadores para entrenar a su personal en mantener una actitud positiva y lograr los objetivos. El Ambiente de Control, como base del control interno estará vigente y activo en función de la actitud positiva de quienes integran la organización.

En nuestra labor diaria, ¿cuál es la actitud que asumimos ante lo que nos ocurre?, ¿cómo nos enfrentamos a los problemas o situaciones adversas? Hay quienes se sienten víctimas de todo lo malo que les ocurre y buscan culpar a otros por su situación. Culpan a su jefe, a un compañero de trabajo, a su pareja, al clima, a la falta de dinero, etc. En cambio, hay quienes asumen su responsabilidad y buscan en ellos mismos las causas para corregir o enmendar. Al hacerse responsables tienen más poder porque dependen de sí mismos y no de terceros para mejorar su situación. ¿Cuántas personas a tu alrededor tienen una actitud positiva, y cuántas una actitud negativa? ¿Cómo te sientes ante cada uno de ellos? La actitud de las personas que nos rodean es contagiosa, más aún si interactuamos continuamente con ellas, como en el ámbito laboral. ¿De qué depende la actitud que se asume ante las diversas situaciones que se nos presenta diariamente? Los seres humanos estamos influenciados por muchas variables internas o externas, tales como: los problemas personales, el entorno social, el clima, etc. La formación que se recibe en el hogar desde niño tiene una gran influencia en la actitud frente a la vida. Cuando esa formación ha sido deficiente, un adulto puede modificarla, reforzarla o mejorarla en un contexto social o laboral distinto. Para lograrlo, en primer lugar, tiene que ser consciente de sus deficiencias, luego trabajar duramente porque se requiere de mucha disciplina.

Una actitud positiva contribuye a estar motivado y facilita el aprendizaje; cualidades sumamente apreciadas en el campo laboral. El Ambiente de Control activo requiere de personas con actitud positiva, motivada para realizar sus funciones y cumplir sus objetivos. La preparación técnica no garantiza la estabilidad laboral; la empatía, la actitud positiva y la capacidad de aprender, ofrecen mayor permanencia.

Hay algunas cualidades importantes que acompañan una actitud positiva: el saber escuchar, por ejemplo, permite una mejor capacidad comunicativa. La comunicación es una habilidad crítica en el campo laboral; permite fluidez en los procesos y facilita la solución de problemas. Cuando se presentan los llamados cuellos de botella, se requiere la fluidez del mensaje para buscar soluciones. Un buen intercambio de información ayuda a mantener el clima laboral, mejorando las relaciones interpersonales y el ambiente de control. Otra habilidad que se potencia con una actitud positiva es la iniciativa, también muy apreciada en el campo laboral. Hay gente con bajo rendimiento académico que, gracias a una buena actitud en el trabajo, logra tener éxito por su iniciativa y empatía. Igualmente, hay personas que destacan en la práctica laboral porque usan el sentido común. La capacidad de saber escuchar a supervisados, pares y jefes, es la base para influir y motivar en el entorno laboral.

La actitud positiva genera autoconfianza, convencimiento de estar capacitado para realizar un buen trabajo y cumplir los objetivos, superando obstáculos. La autoconfianza permite asumir nuevos retos porque se tiene seguridad en las propias capacidades: la persona con autoconfianza se sabe ganadora. Gente que ha impulsado los grandes avances en distintas áreas de la humanidad, en gran parte ha sido por su autoconfianza. Los verdaderos líderes saben que pueden lograr lo que persiguen, tienen mucha confianza en sus capacidades y habilidades.

Comprometerse con la integridad y la ética

El primer principio del Ambiente de Control: "Comprometerse con la integridad y la ética", tiene los siguientes puntos de enfoque:

- Pautas establecidas por la cima;
- Normas de conducta;
- Evaluación del cumplimiento; y
- Abordar las desviaciones.

Pautas establecidas en la cima: Los grupos humanos organizados suelen tener jerarquías y un líder que los dirige. Los líderes establecen las pautas de comportamiento y las reglas de actuación que todo el grupo respeta y acata. En las empresas la figura de mayor nivel es el Directorio, Consejo de Administración o Junta Directiva (tiene la más alta jerarquía y autoridad). El siguiente nivel jerárquico es de la alta gerencia, luego la gerencia operativa, las jefaturas y supervisores. En estos niveles se establecen las pautas de comportamiento y reglas de actuación mediante políticas y procedimientos para los procesos. Los líderes demuestran con su comportamiento diario y hechos concretos, su compromiso con la integridad y los valores éticos. Las demostraciones de conducta ética y correctas actuaciones que ellos tengan con frecuencia, fortalecerán el sistema de control interno implementado.

Algunos países anglosajones utilizan la expresión *"walk your talk"*, que significa "practica lo que predicas". En las empresas, las expectativas están centradas en la actuación de la gerencia y del Directorio. Se espera que ellos prediquen con el ejemplo las pautas de comportamiento que establecen. Los lineamientos de conducta, integridad y valores éticos, surgen en la cúspide, y se arraigan en la cultura organizacional. El marco integrado de control interno denomina *"tone at the top"* (tono en la cima), a la actuación de la alta gerencia. Los líderes deben fomentar la ética en todas sus expresiones, la comprensión y cumplimiento de los asuntos legales. Deben dar ejemplo de una conducta responsable en lo social y ambiental, cuidando que los procesos de sus operaciones sean sostenibles. La actuación responsable debe evitar la emisión de gases de efecto invernadero y tomar iniciativas de apoyo a la comunidad de su entorno inmediato. El ambiente social o ético del entorno o mercados en los que está presente, tiene gran impacto en una cultura organizacional. La norma ISO 26000 establece un sistema de gestión para que las empresas puedan maximizar su contribución al desarrollo sostenible.

El arraigo en la cultura empresarial y cumplimiento de las normas, dependen de su difusión y comunicación a todos los niveles. Es de suma importancia que el Directorio, la gerencia y demás líderes, prediquen las directrices demostrando su ejecución con el ejemplo. De ellos depende el grado de formalidad y cumplimiento de los procesos, así como las relaciones en las actividades diarias. La falta de receptividad de la gerencia para admitir "malas noticias", puede impactar negativamente en la cultura, incentivando conductas inapropiadas. También el trato desigual demostrando preferencias que ciertos jefes suelen tener, es contraproducente para mantener el ambiente de control. El comportamiento ético y responsable, demostraciones de trato justo e igualitario, abordando oportunamente prácticas inadecuadas, son mensajes que fortalecen la integridad. Los empleados están pendientes de la actitud y acciones de la gerencia para modelar actitudes similares, correctas o incorrectas. El comportamiento individual es influenciado por el proceder gerencial en decisiones del negocio o los dilemas éticos que suelen presentarse. Tomar las medidas oportunas para hacer frente a las conductas irregulares que se detectan, suele tener efecto positivo y disuasivo. Cuando se consideren aceptables algunos asuntos en función de desafíos o situaciones específicas, estos deben cumplir con los principios y valores éticos. Las formas y coherencia en el desempeño y ejercicio de responsabilidades son importantes para alcanzar los objetivos de la empresa. Las pautas adecuadas favorecen la cultura ética, mientras que un modelo errado obstaculiza su fortalecimiento y perjudica el desempeño. El Directorio, la gerencia y demás líderes, constituyen el soporte de la cultura, los lineamientos que dictan deben fortalecerla.

Normas de conducta: En los grupos humanos rigen las reglas de convivencia para vivir en armonía y lograr los objetivos comunes, guiados por una autoridad. En las empresas, el Directorio y la alta gerencia definen e implementan las políticas y normas de conducta para su funcionamiento. Éstas deben ser comunicadas y entendidas por todos los niveles de la organización, también por proveedores, clientes y demás grupos de interés.

Las normas de conducta ponen en "blanco y negro" lo que se considera correcto y lo que no está permitido. Definen los procedimientos y acciones que deben ser tomados en caso de cualquier desviación, transgresión o incumplimiento. A través de ellas se expresan las creencias y valores del personal para llevar a cabo sus actividades diarias. Sirven de guía al tomar las decisiones que se requieren para lograr los objetivos, considerando los riesgos asociados a las acciones. Las costumbres pueden variar por región o zonas geográficas, al establecer las normas, las bases siempre estarán en los principios éticos universales.

En ocasiones, la gerencia debe decidir sobre asuntos puntuales, específicos, que no están contemplados en las normas de conducta de la empresa. Elegir entre dos conductas consideradas correctas y tomar una decisión al respecto, es una situación difícil para cualquier persona. El profesor de ética en los negocios de la Universidad de Harvard, Joseph Badaraco, aborda este tema desde el punto de vista gerencial. En su libro "Momentos Determinantes"[9], Badaraco ilustra los dilemas éticos con una serie de casos y reflexiones. Al final del libro concluye: "... *y los demás filósofos reflexivos. Todos ellos querían ayudar a las personas reflexivas a tomar di-*

---

9 BADARACO, Joseph L. (2003). *Momentos determinantes. Cuando los gerentes deben decidir entre dos conductas correctas*. Grupo Editorial Norma.

ficiles decisiones, de manera que resistan la prueba del tiempo y expresen los estándares y valores arraigados en la experiencia y la sabiduría de otros, y de los cuales se hayan apropiado". Es una responsabilidad delicada de la función gerencial el tomar decisiones cuando se presentan los dilemas éticos. Las normas escritas son guías poco útiles, tienen que basar su decisión en su consciencia ética, sus valores y experiencia.

La fortaleza de la cultura organizacional se fundamenta en valores arraigados, sus miembros actúan con integridad y apegados a la ética. Se divulga con frecuencia los valores y el código de ética, realizando actividades de capacitación para nuevos y antiguos empleados. La cultura arraigada facilita que los trabajadores novatos se integren rápidamente; si no se adaptan, el sistema los rechaza. Las normas de conducta se divulgan utilizando diversos medios de difusión y se refuerzan a través del ejemplo en todos los niveles.

Cuando la empresa encomienda ciertas actividades a terceros, es conveniente establecer normas de conducta y acuerdos en los contratos formales. El incumplimiento de las normativas suele presentarse cuando se transmiten con poca claridad o se descuida la vigilancia. La gerencia debe velar por su cumplimiento, coordinando con los otros niveles las medidas adoptadas en caso de transgresiones. Tomar en consideración que metas irreales ejercen presiones que incitan a conductas indebidas, las fallas en los controles permiten ocultar resultados adversos. Establecer canales para denuncias o expresar preguntas e inquietudes, procedimientos para investigar y resolver transgresiones, con sanciones adecuadas y consistentes.

Evaluación del cumplimiento: Lo que no se mide ni evalúa difícilmente pude ser controlado o mejorado; las fallas pasan inadvertidas. Nos referimos a este punto al tratar sobre la Verificación en el método de gestión de la calidad PHVA. Las empresas necesitan indicadores para monitorear el avance y cumplimiento de los trabajos operativos, al igual que los objetivos estratégicos. Las evaluaciones permiten detectar fallas oportunamente, retroalimentar y tomar acciones para mejorar los procesos, procedimientos operativos o administrativos. La mejora continua es uno de los temas que hemos visto al referirnos a ISO 9001. Cuando las normas son violadas por algún miembro del grupo, las evaluaciones de desempeño permiten detectar las transgresiones. Los procedimientos de control miden la ejecución individual y de los equipos de trabajo, a fin de tomar acciones oportunas. Se pueden examinar ciertos niveles de tolerancia a las desviaciones en casos de no haber intencionalidad, buen desempeño, antigüedad, y otras consideraciones. Estos factores determinan si es posible atenuar las sanciones por las infracciones cometidas en los hechos evaluados, antes de imponerlas. Las evaluaciones de adhesión a las normas de conducta, son parte de un proceso sistemático que establece la gerencia. Conviene llevar registros de infracciones a las normas de conducta, analizar causas y atender los problemas a tiempo, tomando medidas correctivas. El seguimiento a la implementación de las acciones correctivas afianza la cultura de cumplimento de las normas de conducta. La revisión de las evaluaciones de desempeño, puede ser utilizada también para fijar compensaciones, bonos o promoción del personal. Estas apreciaciones consideran también las demostraciones de integridad y valores éticos en el comportamiento cotidiano. Las evaluaciones deben realizarse como un proceso continuo de la gerencia, aunque existe la posibilidad de utilizar eventualmente los servicios de terceros independientes. Todos los miembros de la empresa pueden contribuir con este proceso, poniendo en evidencia las irregularidades cometidas por otros. Para facilitarlo, conviene utilizar los canales formales e informales de comunicación con la gerencia y los niveles de supervisión. Existen procedimientos de denuncia mediante una línea telefónica directa con miembros del Comité de Ética, procesos de retroalimentación y reuniones.

Abordar las desviaciones: En un proceso se tiene un resultado real que es distinto al esperado, al comparar ambos se determinan las desviaciones. Estas son aceptables cuando están dentro de lo previsto, pero cuando la distensión es grande, se sale de toda previsión. Estas últimas deben ser analizadas y atendidas para determinar sus causas, tomando medidas correctivas en forma oportuna. Suelen descubrirse transgresiones a las normas o irregularidades al analizar las desviaciones, por lo cual es recomendable revisar las variaciones frecuentemente. Las medidas correctivas dependiendo de la infracción leve o grave, van desde una simple amonestación, hasta el despido y denuncia ante las autoridades. Lo importante es abordar en forma oportuna y consistente cualquier desviación al cumplimiento de las normas de conducta. La gravedad y complejidad de una violación, determina si lo evaluará la gerencia operativa, un nivel superior o el Comité de Ética. Los Comité de Ética, lo conforman representantes de distintos niveles, seleccionados por su reconocida trayectoria y comportamiento intachable. Las acciones que pueden tomarse en la resolución de un caso, deben ser acordes con la gravedad de la infracción. Para evitar lo tratado por la "teoría de las ventanas rotas", hay que tomar medidas correctivas, por más simples que sean las desviaciones.

Los principios y valores forman parte de la naturaleza del ser humano; modelan el comportamiento en búsqueda de su bienestar. Se fundamentan en principios universales y creencias que moldean el carácter y la actitud individual o del grupo. Los valores personales, valores humanos, valores familiares, valores éticos y valores morales, tienen un efecto común: modelan el comportamiento humano. La actitud y acciones que alguien adopta frente a lo que le sucede en la vida, evidencian sus verdaderos valores. Las reacciones ante las circunstancias adversas suelen poner a prueba la fortaleza del carácter, el arraigo a principios y valores. La honestidad, el respeto, la responsabilidad son principios éticos fundamentales que esperamos del comportamiento ajeno, pero que muchas veces nos cuesta practicarlos.

Los valores éticos de personas competentes y comprometidas con la empresa, fortalecen la cultura y el ambiente de control establecido. El individuo que se preocupa por estar preparado, ejerce sus funciones de manera competente y cumple sus compromisos, es confiable. Este tipo de personas alcanza los objetivos y los resultados financieros que se les encomienda, actuando con ética y transparencia. Las empresas, cuyo activo principal es el talento humano, están propensas a riesgos constantes en cuanto al comportamiento de sus empleados. Estos riesgos deben ser identificados, analizados, evaluados y tratados para que no obstaculicen el logro de las metas establecidas. Las operaciones diarias de una empresa implican una serie de actividades que deben estar bajo control de la gerencia y del sistema. El conjunto de personas organizadas por procesos que generalmente están apoyadas por la tecnología para lograr una serie de objetivos. Las personas y la tecnología son susceptibles de cometer errores o fallar; es necesario pues, establecer controles efectivos y eficientes. Efectivos en cuanto a la oportunidad y precisión; eficientes en el uso de los recursos, evitando desperdiciarlos porque son escasos.

Para que los controles funcionen con transparencia, es necesaria la información oportuna y los indicadores de gestión de los procesos. Esta información debe ser comunicada a todos los niveles involucrados para su conocimiento y para que puedan tomar las acciones pertinentes. Para asegurar el correcto funcionamiento del sistema, el seguimiento y supervisión deben ser constantes, aplicando un cierto grado de escepticismo. La verificación y monitoreo genera acciones como: reconocer para motivar cuando se hacen bien las cosas, corregir para mejorar los procesos.

Ejercer la responsabilidad de supervisión

La responsabilidad de supervisión es el segundo Principio del componente Ambiente de Control de COSO. "**Ejercer la responsabilidad de supervisión**" eficientemente. Función que algunos jefes y gerentes no hacen por desconocimiento, falta de formación o simplemente descuido. Las consecuencias de esta falencia afectan no solo el desempeño del área, sino a toda la empresa. El principio pone énfasis en el nivel más alto de la estructura organizacional, porque son quienes deben garantizar los controles y ejercer la supervisión. COSO requiere que se implemente este principio tomando como guía los **puntos de enfoque** establecidos, considerando que el Directorio:

- Identifica y acepta su responsabilidad de supervisión,
- Define y evalúa periódicamente las habilidades y experiencia necesaria entre sus miembros para cumplir el rol de supervisión,
- Cuenta con miembros independientes,
- Evalúa periódicamente el sistema de control interno.

El Directorio: Denominado también Consejo de Administración, Junta Directiva, es el órgano de control de mayor jerarquía en la empresa. La norma ISO 37001 se refiere como Órgano de Gobierno al Directorio o Junta Directiva. Sus miembros deben entender el negocio y las expectativas de los grupos de interés: accionistas, clientes, proveedores, empleados, inversionistas, comunidad y demás vinculados al negocio. Conocer aspectos legales, regulaciones y riesgos que puedan afectar el cumplimiento de los objetivos que se han establecido. El Directorio tiene autoridad suficiente para contratar, nombrar o remover de su cargo al CEO, ejecutivo de mayor jerarquía de la organización. Establecer también los planes de sucesión de este ejecutivo clave, responsable de ejecutar la estrategia para lograr los objetivos. En las empresas que cotizan en las bolsas de valores, el Directorio debe cumplir ciertas funciones específicas, enfocándose en los temas estratégicos: Dirigir la selección de directores y evaluar el desempeño de la alta gerencia. Nombrar un Comité de Compensación para supervisar las políticas y prácticas de remuneración de la alta gerencia. Equilibrar los incentivos para el desempeño a corto y largo plazo, vinculándolos con el cumplimiento de los objetivos estratégicos. Nombrar un Comité de Auditoría para supervisar el control interno, la integridad y transparencia de los informes externos, incluidos los informes financieros. Formar otros Comités dedicados a abordar temas específicos fundamentales para lograr los objetivos de la entidad. El Directorio se apoya en la estructura gerencial para ejercer la supervisión en los diversos procesos de la empresa. La gerencia puede crear comités o equipos de trabajo necesarios para evaluar situaciones que afectan el sistema de control interno. Estos comités o equipos atienden asuntos relacionados con nuevas tecnologías, productos, servicios, procesos, y otros aspectos que requieran atención especializada. Identifican los riesgos planteados por los cambios en la evolución del modelo de negocio o por nuevos requerimientos legales. También en el lanzamiento de nuevos productos o servicios, incursión en nuevos mercados y demás acciones relacionadas. Tiene la responsabilidad de supervisar toda la organización, esta función se ejerce a través de la alta gerencia. Esta última, en coordinación con las demás gerencias, asume el rol de desarrollar e implementar el sistema de control interno.

En la estructura organizacional, las funciones de supervisión coordinan las actividades laborales para contribuir al logro de los objetivos comunes. Desempeñar cargos con responsabilidades de supervisión requiere capacitación para asumir el liderazgo en el equipo de trabajo. La supervisión de personal es un asunto delicado; implica preparación y la aplicación de técnicas relacionadas con psicología humana. El supervisor debe estar capacitado académicamente y poseer habilidades para motivar y dirigir a su equipo. Debe lograr que todos hagan su trabajo para alcanzar un objetivo común. Daniel Goleman, en su libro FOCUS[10], señala: "...*para acercar al trabajador desmotivado al estado de flujo, es necesario intensificar la motivación y el entusiasmo, evocar una sensación de objetivo y agregar una pisca de presión*". El supervisor ejerce su autoridad y en ciertos casos requiere ser flexible; tiene que saber estimular y en ocasiones ejercer cierta presión. Su meta es lograr en los demás el acicate necesario para que estén dispuestos a realizar el trabajo con entusiasmo. El Directorio, como órgano independiente de la gerencia, debe evaluar entre sus miembros la experticia en el desempeño de funciones de supervisión. La independencia se manifiesta en la objetividad mental, en las acciones, la distinción entre apariencias y hechos, de cada miembro. Según los lineamientos del gobierno corporativo, los directores requieren ser independientes y sin relación personal o profesional con la empresa. Este requisito se extiende para los miembros de algunos comités del Directorio, especialmente a los miembros del Comité de Auditoría. La independencia considera cualquier parcialidad o conflicto de intereses, que pudiera resultar del desempeño en directorios de otras empresas. El Directorio participa activamente en la supervisión de la gerencia y la evaluación de los resultados de acuerdo con los objetivos estratégicos. Para esta participación se requiere preparación, saber cuestionar y examinar las actividades de la gerencia, presentar puntos de vista alternativos. Es necesario que los consejeros independientes tengan la experticia para realizar una evaluación imparcial aplicando el sano escepticismo. También tener el valor de actuar frente a conductas inadecuadas, sospechosas o evidentes de algún miembro de la alta gerencia.

Las organizaciones privadas que no están sujetas a regulaciones específicas, la contratación de directores independientes y competentes puede resultar costoso o difícil. En estos casos, pueden identificarse las cualidades profesionales y personales importantes que debería reunir el candidato al Directorio y nombrar a sus miembros, aunque no sean independientes. Las personas seleccionadas deben reconocer la necesidad de actuar con independencia y objetividad, manifestando su compromiso con los procesos y controles de la empresa. Ejercer su responsabilidad de supervisión, de acuerdo con lo establecido en este principio. La experticia

---

10 Ibíd.

e independencia de los miembros del Directorio requieren ser evaluadas periódicamente en función de las necesidades cambiantes de la empresa. Es conveniente que participen en programas de adiestramiento para estar actualizados en los asuntos relevantes que atañen a la organización.

Rol de la gerencia: La principal responsabilidad de la gerencia es el desempeño de sus funciones de manera eficaz y eficiente, para alcanzar los objetivos establecidos. Cuando la función gerencial es deficiente, se afecta el orden laboral, lo cual se refleja en los resultados del trabajo realizado. Con una actuación cuestionable de los trabajadores, el impacto negativo en los resultados financieros puede ser considerable. La razón principal de la existencia de cualquier empresa, es cumplir con su misión, el objetivo para el cual fue creada. Por ejemplo, el objetivo de Google: *"Organizar la información del mundo y hacerla accesible y útil de manera universal"*[11]. La gerencia debe considerar el presente y el futuro, planificando para el corto y el largo plazo. La obtención de ganancias inmediatas puede comprometer la supervivencia de la organización si no se equilibran el presente y el futuro. Este equilibrio es función gerencial, puesto que la gerencia es la que dicta las pautas para el funcionamiento operativo de la empresa.

Haciendo una analogía con la familia, podemos decir que una empresa la integran personas que están relacionadas entre sí por vínculos comunes. En la familia, los padres dictan las pautas de comportamiento y velan por el sustento familiar; en la empresa, los líderes que la dirigen. La prosperidad económica familiar depende de las buenas decisiones financieras que toman los padres; el bienestar de las organizaciones, de su Directorio y gerencia. El éxito empresarial será duradero cuando su actuación esté fundamentada en valores y principios, equilibrándose el presente con el futuro. El liderazgo familiar es de los padres; las funciones son específicas, y uno de ellos – el padre o la madre – asume un rol protagónico. Este rol puede compararse con el de un presidente o gerente general de la empresa: es la figura que marca la pauta. La gerencia de la empresa vela por las operaciones diarias para tomar decisiones oportunas, es responsable del desempeño y de los resultados. Para lograr el éxito del negocio, la gerencia depende de sus colabora-

---

11 https://www.google.com.pe/intl/es/about/

dores: se requiere que estén bien capacitados, comprometidos y tengan valores. Andrall E. Pearson[12] en su artículo "Creación de una organización vigorosa" sugiere que el gerente general debe contratar únicamente a los mejores y crear un núcleo de personas de talento. Según Pearson, para crear una organización vigorosa, se requieren efectuar cinco pasos distintos pero relacionados entre sí:

1. Fijar altas normas de rendimiento para todos... y elevarlas constantemente.
2. Desarrollar a los gerentes mediante nuevos cargos y rotación de oficios; mantener a todo el mundo aprendiendo.
3. Ajustar todas las facetas del ambiente de trabajo – cultura corporativa, estructura organizacional, políticas – para facilitar y recompensar el desarrollo gerencial en lugar de obstaculizar el esfuerzo regenerativo.
4. Infundir nuevo talento a todos los niveles de la compañía.
5. Utilizar al departamento de personal como un agente activo de cambio.

En su artículo publicado en el diario El Comercio, Alejandra D'Agostino comenta: "...el diseño organizacional es mucho más que cajitas con nombres y líneas". Añade que "...es el proceso por el cual una organización determina la fórmula más eficaz para ejecutar su estrategia con gente"[13]. D'Agostino esboza una metodología global que se estructura en los principios de (1) Decidir, (2) Diseñar y (3) Entregar. Finaliza su artículo con diez preguntas que se hace a los líderes empresariales que tienen en mente un cambio en el diseño de su organización. Las preguntas se refieren a: dónde se crea valor, el modelo de negocio, manejo del cambio, etc.

Establecer una estructura, autoridad y responsabilidades

El Ambiente de Control en el tercer principio: "**Establecer una estructura, autoridad y responsabilidades**". El Directorio define las líneas jerárquicas, los niveles de autoridad y las responsabilidades inherentes a los cargos de la alta gerencia. Esta definición debe hacerla la gerencia para cada puesto de trabajo en toda la empresa. La estructura organizacional está claramente definida cuando todos conocen los niveles de autoridad y responsabilidad

12 PEARSON, Andrall E. fue presidente (CEO) de PepsiCo.
13 D'AGOSTINO, Alejandra. Socia líder de Capital Humano de Deloitte Perú. Artículo: ¿Qué es el diseño organizacional?, (15 de febrero de 2015). Aptitus, El Comercio.

de sus demás integrantes. La claridad que se tenga en estos asuntos, conducirá a que se tomen las acciones precisas y oportunas en las operaciones diarias. Este principio establece como puntos de enfoque:

- se considera toda la estructura de la entidad;
- se establecen líneas de reporte; y
- se define, asigna y limita la autoridad y responsabilidad.

La estructura da forma, estabilidad y fortaleza a cualquier empresa, organizando los niveles de responsabilidad y autoridad. En muchas empresas, dicha estructura está claramente definida y plasmada en un organigrama o un documento similar. Se diseña como un sistema de relaciones para la gestión organizacional, de acuerdo a las necesidades prácticas de sus operaciones. La estructura permite la división del trabajo por áreas, actividades similares o procesos para dar fluidez a su funcionamiento. De acuerdo con esta segmentación se asigna la autoridad y responsabilidad para dirigir y coordinar el trabajo en toda la organización. Se establecen los canales de comunicación para que las distintas unidades puedan coordinar sus actividades con prontitud y lograr los objetivos. Las actividades operacionales se encuentran alienadas a los objetivos estratégicos.

Se considera toda la estructura de la entidad: Para establecerla, el Directorio examina aspectos como unidades operativas de diferentes zonas geográficas, servicios externos y otros asuntos relacionados. La estructura apoya el logro de los objetivos de la empresa. La definición y diseño se adapta al modelo operativo y a las actividades que realiza la entidad. Evoluciona de acuerdo con la dinámica del mercado, su crecimiento y las necesidades que puedan surgir; no es estática. El diseño pude responder a líneas de productos o servicios, optimizar las actividades de mercadeo, racionalizar la producción o mejorar el servicio al cliente. También responde a ciertas necesidades de la organización para administrar los riesgos y promover la autonomía de la gerencia en las operaciones de distintas sedes. La alta gerencia debe establecer los mecanismos para la gestión de los riesgos que puedan presentarse en los distintos niveles de la estructura. Considerar los riesgos de colusión, fraude, conflicto de intereses, concentración de ventas en torno a ciertos clientes, entre otros casos. También debe tomarse en cuenta la excesiva dependencia en un proveedor que puede hacer vulnerable a la empresa si éste falla.

Ciertas áreas de la empresa son más sensibles a los riesgos. Generalmente las que tienen facultades para realizar compras de bienes o contratar servicios, son susceptibles a malos manejos y conflictos de intereses. Proveedores con vínculos familiares o de otra naturaleza en la organización, pueden influenciar las decisiones para favorecerse y lucrar en ciertas transacciones. El Directorio y la alta gerencia deben considerar estos riesgos al diseñar la estructura y asignar responsabilidades a los distintos cargos gerenciales. Establecer los mecanismos de control para detectar en forma preventiva cualquier indicio relacionado con irregularidades.

Se establecen líneas de reporte: Las líneas de reporte permiten que cada miembro de la organización conozca claramente a quién debe rendir cuentas por su trabajo. La coordinación de las actividades, recibir apoyo o retroalimentación cuando sea necesario, se definen en las líneas de reporte. La alta gerencia evalúa la estructura organizativa con el fin de asignar la autoridad que cada cargo requiere. Esta evaluación considera asignar las responsabilidades para cumplir los objetivos de la empresa, permitiendo el flujo de información que optimiza la gestión.

Cuando surgen inquietudes relacionadas con ciertas actividades, se necesita apoyo moral o logístico, incluso algún consejo laboral. Las líneas de reporte claramente definidas, señalan el camino cuando se presentan dudas sobre funciones o se demanda algún apoyo o consejo. Los trabajadores sabrán a quién consultar sus dudas, y se evitarán los errores que afectan la productividad laboral. Desconocer el camino a seguir, es causa de desmotivación y genera altas tasas de rotación de personal.

Se define, asigna y limita la autoridad y responsabilidad: El Directorio y la alta gerencia asignan los niveles de autoridad a los distintos cargos con responsabilidades de supervisión. Se establecen límites a cada nivel y puesto, de acuerdo con el desempeño de sus actividades y las obligaciones asignadas. Tomando en cuenta la segregación de funciones, se separan actividades de procesos clave, para ser ejecutadas por distintas personas. La finalidad de la segregación de funciones es detectar errores oportunamente para que el sistema de control interno funcione eficientemente.

La cultura militar ha inspirado ciertas teorías y prácticas gerenciales: el ejercicio de la autoridad es una de ellas. La autoridad puede ser delegada dependiendo del estilo gerencial, con base en las competencias y roles definidos. El Directorio de la organización delega autoridad y asigna responsabilidades a la alta gerencia estableciendo la definición de sus funciones. La alta gerencia realiza la misma tarea para toda la estructura organizacional según las funciones de cada área o proceso. Se limitan los cargos definidos, otorgando suficientes facultades para abordar los problemas que suelen surgir en las operaciones diarias. Se asignan responsabilidades de acuerdo con las respectivas funciones y se establece la obligación de rendir cuentas por sus actuaciones. Para una ejecución eficiente, todo supervisor debe dar a conocer sus decisiones oportunamente a los niveles afectados en la estructura empresarial.

Quienes dirigen empresas tienen que delegan autoridad y responsabilidad a los distintos niveles de la organización para lograr los objetivos. La asignación de estas facultades, deben ser acordes con las competencias y habilidades para tomar decisiones, la formación académica y la experiencia. Tomar resoluciones implica adherirse a las normas de conducta, políticas y procedimientos de la organización, entendiendo las consecuencias de los riesgos asumidos. Al ejercer funciones en los distintos niveles de la empresa, deben entenderse los objetivos definidos por la alta gerencia. Los objetivos de las distintas áreas deben estar alineados con los que se definen para toda la organización.

La autoridad se limita para facultar que las personas actúen ejerciendo únicamente las funciones que le han sido asignadas. Se consideran los riesgos de posibles conductas inapropiadas para el logro de los objetivos, estableciendo verificaciones y controles en todos los niveles. Atender con prontitud cualquier potencial conflicto de interés, valorar el desempeño; estableciendo parámetros para los aspectos que serán evaluados. Tomar en consideración el cumplimiento de objetivos y la evaluación tipo 360 grados, en la que participan supervisores, pares y supervisados. La sola presencia de un líder supone autoridad, siempre que se haya logrado valorando y comprendiendo a cada persona. La autoridad es mantenida cuando se evitan las decisiones equivocadas, y en caso de haberse equivocado, reconociendo y aceptando el error. El líder ha de ser intransigente en exigir el cumplimiento de las políticas y normas establecidas en la empresa. Basta que un subordinado halle la forma de no cumplir para que la autoridad debilitada deje de restablecerse.

Es conveniente utilizar la tecnología para establecer controles, limitando el acceso a los sistemas automatizados según los roles y funciones. Los niveles de acceso a datos maestros de clientes, proveedores, empleados, cuentas bancarias, etc., deben estar restringidos. El acceso a los datos maestros debe ser únicamente para quienes tienen responsabilidades relacionadas con los respectivos procesos. Las transacciones financieras, como aprobación de pagos, transferencias bancarias, y los registros contables deben ser procesadas solo por personas autorizadas.

Las estructuras de autoridad y responsabilidad se refuerzan con las **tres líneas de defensa** contra las fallas de control interno. La **primera línea de defensa** está constituida por la gerencia y el personal encargado de las actividades de rutina diaria. El personal operativo de la organización es responsable de mantener el control interno eficaz en el ejercicio de sus funciones rutinarias. El desempeño de la gerencia y el personal operativo debe ser evaluado de acuerdo con el cumplimiento de los objetivos que tienen asignados. La **segunda línea de defensa** la conforman los distintos controles específicos que cada área establece para alcanzar sus objetivos. Entre otros ámbitos, estos controles se aplican en el área contable, administrativa y financiera, en seguridad de la información. También en la gestión de la calidad, en el cumplimiento de leyes y regulaciones, en la gestión de riesgos. La **tercera línea de defensa** la proporciona la función de auditoría interna, al realizar evaluaciones de aseguramiento sobre el control interno. Esta función realiza un trabajo de revisión y emite los informes sobre los resultados, generalmente con observaciones y recomendaciones. La gerencia, con base al informe de auditoría, tomará acciones correctivas o implementará las mejoras sugeridas en las actividades o procesos requeridos. La finalidad es garantizar el logro de los objetivos estratégicos que el Directorio y la alta gerencia han establecido.

El conocimiento de responsabilidades, de normas de conducta y de los riesgos organizacionales, permiten alinearse y trabajar para lograr los objetivos estratégicos. Los miembros del Directorio tienen la autoridad suficiente para tomar decisiones importantes que atañen a los asuntos estratégicos y operativos de la organización. Además de asignar los niveles de autoridad y responsabilidades a la alta gerencia, establecen las directrices, orientación y controles. La gerencia realiza las actividades informativas asegurándose que el personal comprenda sus responsabilidades y las normas de conducta establecidas. Los riesgos de cada área evaluados y tratados deben ser difundidos y comprendidos por todos los miembros de la entidad. Los directores, gerentes, supervisores, coordinadores y demás jefes, tienen asignada la autoridad formal. Liderar es otra cosa, se gana poco a poco con las acciones que se toman frente a los supervisados. El liderazgo puede ser difícil de definir, pero fácil de reconocer en el proceder y accionar de una persona. Autoridad implica mando, mientras que un líder guía, conduce, inspira a la acción, no por obediencia sino por convicción. Lo ideal es que los jefes formalmente asignados desarrollen su liderazgo, que se lo ganen con sus actitudes y acciones.

Para liderar en lugar de solo dar instrucciones, primero hay que ser líder de uno mismo, actuando siempre con actitud positiva. El talante de una persona es fundamental para su éxito; su proceder es apreciado más que sus habilidades y conocimientos. El coraje y la voluntad distinguen a quienes logran sus metas. Para conseguir algo se necesita la acción, tomar riesgos, equivocarse y aprender de los errores. Los líderes hacen todo esto y con su actitud contagian a los demás para que también actúen ante las dificultades. Quienes detentan cargos de jefatura y solo saben mandar, difícilmente conseguirán la lealtad de su entorno; menos de sus supervisados. Es por ello que en algunas organizaciones ciertos empleados confían más en compañeros de trabajo que en sus propios jefes. Cuando alguien renuncia para dejar una empresa, en realidad a quien deja es a su jefe, que no ha sabido ganárselo.

Las empresas responsables, tiene un verdadero aprecio por las personas, por el talento humano, forman y contratan líderes, no jefes. En los procesos de selección valoran más las habilidades blandas de la gente que sus títulos o capacidad técnica. Se preocupan de verdad por el desarrollo personal, buscando el equilibrio entre el trabajo y la familia. La autoridad no es impuesta, se propicia el liderazgo para que todos en la organización sientan un verdadero deseo de colaborar. La gente hace su trabajo con pasión, se siente en el lugar correcto, donde se realiza como persona humana. En el próximo capítulo veremos con mayor detalle el desarrollo de las competencias que se deben desarrollar para un adecuado ambiente laboral.

Comprometerse con la competencia profesional

El cuarto Principio de COSO: "**Comprometerse con la competencia profesional**", establece que las competencias del personal se gestionan considerando los siguientes puntos de enfoque:

- Se definen las competencias necesarias para alcanzar los objetivos;
- Se evalúa periódicamente la competencia profesional;
- Se cuenta con mecanismos de atracción, desarrollo y retención de personal;
- Se planea y prepara la sucesión.

La competencia profesional es el conjunto de conocimientos y habilidades para ejercer una actividad profesional de acuerdo con los requerimientos del cargo. Los conocimientos y habilidades, combinados con la experiencia laboral, permiten lograr los resultados esperados por el contratante o superar sus expectativas. Una persona competente profesionalmente, es capaz de realizar el trabajo asignado, reúne los conocimientos, habilidades y experiencia para el puesto que desempeña.

En el libro Focus, desarrollar la atención para alcanzar la excelencia, Daniel Goleman dice que el estilo "¡Hazlo, sin importar como sea!" no tiene consideración alguna en pasar por encima del cadáver de cualquiera que se interponga en el logro de sus objetivos. Algunos líderes orientados hacia el logro *"están tan obsesionados en encontrar atajos que le aproxime a la meta que no tienen miramientos para utilizar cualquier medio que les ayude a alcanzarla"*. Las personas acabarán agradeciendo en el futuro, las decisiones duras del presente. Es como educar a un adolescente; algo que a veces resulta molesto a corto plazo, pero gratificante a largo plazo. – Goleman continúa: *"Los grandes líderes deben poseer la visión a largo plazo que acompaña a la comprensión de los sistemas. Algunas personas llaman 'capitalismo consciente' al hecho de no limitar el rendimiento de una empresa a la búsqueda de dividendos trimestrales que complazcan a los accionistas, sino que apunten al beneficio de todos los implicados (y los estudios realizados han puesto de manifiesto que, a las empresas que comparten esta visión más amplia, como Zappos y Whole Foods, les va mejor económicamente que a sus competidores, orientados tan solo hacia el lucro)".*

Los líderes que piensan en las generaciones venideras son inspiradores y articulan un gran propósito compartido, infunden sentido y coherencia al trabajo. Hace que las personas se impliquen emocionalmente compartiendo valores, lo que les lleva a sentirse a gusto con lo que hacen. Los incentivan a estar motivadas y seguir a pesar de los obstáculos.

Se definen las competencias necesarias para alcanzar los objetivos: El desempeño en cada puesto de trabajo, requiere de ciertas habilidades para alcanzar los objetivos de la empresa. Las competencias laborales se pueden desarrollar a través de procesos de capacitación y la experiencia desempeñando funciones en el trabajo. Se aplican diversos procesos o técnicas como el coaching, para superar algunos problemas de comportamiento y fortalecer aptitudes o destrezas. Cualidades individuales como autoconfianza, autocontrol, facilidad de comunicación y negociación, flexibilidad para adaptarse a ciertas situaciones, son de las más valoradas. Trabajo en equipo, dirección, influencia, liderazgo, son características personales que pueden ser potenciadas y/o desarrolladas en la mayoría de las personas. Las competencias se expresan a través de actitudes, el comportamiento en el campo laboral y el desempeño de funciones.

Se evalúa periódicamente la competencia profesional: Los métodos, técnicas, tecnología, leyes y demás conocimientos para la gestión de las organizaciones, evolucionan y cambian constantemente. Es necesario evaluar periódicamente el proceso de actualización del personal para asumir sus responsabilidades y tomar decisiones en sus funciones. En esta época de cambios tan violentos, hay profesiones que en pocos meses pueden volverse obsoletas si no se actualizan. La falta de actualización, si bien afecta al profesional, perjudica más a la empresa que puede ser víctima en un mercado competitivo.

Las organizaciones deben evaluar las competencias frecuentemente, a fin de detectar y conocer las brechas que puedan presentar los evaluados. Conociéndolas se pueden elaborar estrategias para desarrollar las habilidades o destrezas, y cerrar fisuras por medio de técnicas de coaching o entrenamiento. Las evaluaciones las realiza el departamento de gestión humana (capital humano, talento), o pueden ser encargadas a especialistas en este tipo de revisiones. Tales controles pueden están ligados a las evaluaciones de desempeño que se realizan anualmente para medir el cumplimiento de los objetivos. Según los resultados de la ejecución y desempeño se otorgan incentivos monetarios como bonos o incrementos salariales. También son utilizados con el fin de establecer líneas de carrera y elaborar los programas de capacitación del personal.

Se cuenta con mecanismos de atracción, desarrollo y retención de personal: Las organizaciones buscan contratar el mejor talento posible; con tal fin establecen estrategias para atraerlos y retener a los mejores. Se desarrolla el potencial del personal con iniciativas de capacitación para la gestión y toma de decisiones. Las empresas están conformadas por personas que aportan su talento para que éstas logren alcanzar sus objetivos. La función de gestión de personal consiste en establecer estrategias para **atraer** a quienes se adaptarán mejor a la cultura empresarial. Hay autores que recomiendan que "no importa qué sino quién": lo crucial, no son las tareas que realizará, sino el tipo de persona. Contratar mediante un proceso de selección según la formación, experiencia y valores personales de los candidatos. Lo fundamental es calzar en la organización; el qué. Lo que es el trabajo por realizar, queda en un segundo plano. El nuevo empelado podrá prestar sus servicios en áreas distintas. Una persona puede ser trasladada a otra área en cualquier momento.

El proceso de **desarrollo** de personal permite que este adquiera las habilidades necesarias que se adecúen al puesto y funciones que desempeña. Además de prepararlo en lo inmediato, también se hace para el futuro, según la planificación de carrera de cada quién. La gestión de personal implica también el proceso de evaluación del desempeño, para el que existen varias metodologías. El desempeño de las personas en el trabajo se asocia al cumplimiento de objetivos puntuales que apalancan los objetivos de la empresa. El trabajo en equipo, las relaciones con los demás, el apoyo a otras funciones o actividades, son considerados en las evaluaciones.

Retener el personal también responde a una estrategia gerencial que consiste en hacer del lugar de trabajo, un sitio agradable. Que el atractivo no sea solamente el salario, sino los otros beneficios que ofrece la organización, como el reconocimiento del trabajo realizado. El supervisor debe dar retroalimentación inmediata y siempre en forma positiva, incluso cuando tenga que llamar la atención por algún error. Hay aspectos que se pueden mejorar para realizar la próxima tarea, de manera que la retroalimentación se establezca en tono positivo.

Se planea y se prepara la sucesión: En el campo laboral suele decirse que *"las personas pasan, las organizaciones quedan"*. Uno de los aspectos importantes del sistema de control interno es la planificación de la sucesión en los puestos clave. Preparar personas para relevar a otras en sus cargos, de manera que los procesos se mantengan funcionando, que fluyan normalmente. La empresa con gente capacitada y entrenada puede realizar sus operaciones en todo momento, sin riesgos de paralizarse por falta de personal. En casos imprevistos que, por enfermedad o accidente, falte el titular de una posición clave, temporal o definitivamente, la entidad previsiva tendrá un remplazo.

Se tienen que considerar planes de sucesión para las posiciones clave que pueden afectar el normal funcionamiento de las operaciones. Estar preparados para circunstancias como la decisión propia de alguien para retirarse de la empresa por algún motivo imprevisto. También pueden presentarse imponderables familiares, enfermedades, accidentes, y otras posibles eventualidades que difícilmente pueden prevenirse. Las posiciones de mayor jerarquía, como el presidente ejecutivo y algunos directores o gerentes, son las más difíciles de cubrir. Los retiros planificados por jubilación o ausencias programadas, se pueden manejar con tiempo, preparando al sucesor. Incluso es posible considerar a más de un sucesor para ser entrenado y capacitado en ciertas posiciones estratégicas de la operación. Cuando se presente la contingencia temporal o definitiva, el nivel gerencial correspondiente decidirá quién debe ocupar el cargo. Algunos procesos importantes, como tecnología de información, pueden ser manejados por proveedores externos, debe considerarse los riesgos de suspensión del servicio. Estos riesgos deben ser evaluados para estar atentos en caso de ocurrencia, estableciendo acciones que los mitiguen cuando surja la contingencia. El aprendizaje en el trabajo debe ser una constante para todo empleado, en nuestros días la tecnología cambia aceleradamente. El conocimiento especializado y la práctica de hacer las cosas, dan la experiencia que se valora en el mercado laboral. Las personas que no progresan en el trabajo son aquellas que alguna vez aprendieron algo y lo repiten año tras año. Se estancan porque no aprenden nada nuevo; no son considerados para los ascensos ni para asumir nuevas responsabilidades. Los que se mantienen actualizados, aprendiendo cosas nuevas son los que progresan, sea en la propia empresa o en otra organización. El interés por aprender debe ser del empleado, aunque algunas empresas cuentan con políticas y planes de desarrollo para su personal. Cuando vimos "el rol de la gerencia", a este tipo de políticas se refiere Pearson en su artículo "Creación de una organización vigorosa". Incluso existiendo estas políticas hay quienes no las aprovechan; les cuesta mucho estudiar un curso de especialización o un postgrado. Cuando son enviados a realizar algún entrenamiento para mejorar su rendimiento, lo hacen por obligación, no por el deseo de aprender. Estas personas deben cambiar su actitud, de otra manera tarde o temprano serán víctima de su propio descuido. "No esperes a ser incluido en los planes de la organización; debes tomar la iniciativa y capacitarte por ti mismo". No caer en la trampa de creer que se trabaja para otros, la experiencia lograda en cualquier empleo, es personal e intransferible.

En toda organización se quiere tener personas talentosas y comprometidas con su trabajo, que den valiosos aportes para mejorar los procesos. La realidad es que muy pocas cuentan con políticas para contratar y retener a los empleados con talento. Existen diversas teorías y métodos que permiten clasificar a los empleados de acuerdo con su perfil y cualidades personales. Con la clasificación se pueden mejorarse deficiencias y asignar responsabilidad acorde con las fortalezas, en el campo que cada quien domina. Ann Rhoades, la autora del libro "Built on Values"[14] recomienda a las empresas, contar con jugadores (personas) clase "A". Porque son este tipo de empleados los que "visten la camiseta" y viven genuinamente los valores de la compañía. La metodología Topgrading, diseñada por Bradford Smart, consiste en buscar, identificar, contratar y conservar a jugadores de primera para todos los puestos. Smart emplea métodos de evaluación avanzados y rigurosos, para no cometer errores en contrataciones y ascensos de personal. Mejorar el capital humano, dando a los empleados la formación necesaria para que se conviertan en jugadores de primera. Recolocar a los jugadores de tercera y a los de segunda en puestos donde puedan ser jugadores de primera.

Cada persona es distinta, con ideas, pensamientos y razones propias que justifican su comportamiento y manera de ser. Es posible cambiar la actitud de las personas a través de recompensas, pero ¿cómo recompensar para que el cambio sea duradero? Las recompensas económicas producen cambios de actitud solo en el corto plazo; hay otros factores cuyos efectos son más duraderos. Frederick Herzberg, en un artículo publicado por la revista Harvard Business Review, dice que los principales factores motivacionales son:

- Oportunidad de crecimiento personal
- Progreso profesional
- Aumento de las responsabilidades
- Reconocimiento del trabajo bien hecho.

El progreso profesional es atractivo para los niveles bajos de la empresa, ofrece oportunidades y expectativas de ascensos y mayores responsabilidades. En los altos niveles del escalafón organizacional, las posibilidades de ascenso son muy limitadas, pero hay oportunidades de crecimiento personal. El reconocimiento del trabajo bien hecho debe ser algo constante y equilibrado; hay quienes no lo consideran y otros que son excesivos. Dejar de reconocer trabajos bien hechos, desmotiva a quien lo hizo; pero, ser excesivos en el reconocimiento hace perder el efecto motivador. Es importante que los líderes dosifiquen los mensajes de reconocimiento; también saber aceptar los errores o equivocaciones.

14 RHOADES A., (2011). *Built on Values: Creating an Enviable Culture that Outperforms the Competition.* Jossey-Bass.

En algunos empleos se pueden permitir errores; no obstante, para un piloto de avión equivocarse con los controles en pleno vuelo puede significar una catástrofe. Por otro lado, en ciertas funciones de investigación y desarrollo se requiere ensayar nuevas formas de hacer las cosas; al ensayar se pueden cometer equivocaciones. Los errores son parte del precio que pagan las organizaciones por el desarrollo de sus empleados. Quien no actúa, nunca se equivoca; lo importante es aprender de ello y saber encontrar una lección para evitar tales errores a futuro.

Cuando alguien realiza el trabajo que le gusta y quiere, la motivación es casi automática. El problema es cuando esto no ocurre. Hay muchas personas que trabajan solo para sustentarse, si tuvieran otras fuentes de ingresos dejarían el trabajo que realizan. Los que destacan en cualquier campo tienen pasión por su función, viven constantemente motivados y disfrutan de lo que hacen. Las personas que realizan trabajos por obligación, difícilmente son motivadas para tener un buen desempeño. Es labor de los supervisores identificar las habilidades de los empleados para potenciarlos, dándoles funciones acordes a dichas habilidades. Cuando esto ocurre, la actitud del equipo es positiva y productiva para lograr con mayor facilidad sus objetivos. La actitud permite alcanzar metas, también es la base del comportamiento que se fundamenta en principios y valores éticos. Muchas veces el fracaso de algunos líderes está asociado a comportamientos que se alejan de los valores y principios éticos.

Las organizaciones las conforman personas; el éxito en el logro de sus objetivos depende de ellas, del talento humano. El desarrollo de competencias técnicas y blandas es algo permanente, se requieren nuevas habilidades en esta época de constantes cambios. Los grupos de interés de las empresas tendrán confianza en el talento que se demuestre con resultados de la gestión gerencial. Confiable siendo responsable y evidenciándolo al dar cuenta de lo encomendado, sin tener que esperar que otros pidan cuentas.

Reforzar la responsabilidad de dar cuenta

"**Reforzar la responsabilidad de dar cuenta**", como quinto principio del Ambiente de Control, está relacionado con el principio "Rendición de Cuentas" de la ISO 26000. Los puntos de enfoque para este principio son:

- Se tienen definidos los responsables del control interno a lo largo de la organización;
- Se establecen indicadores de desempeño e incentivos;
- Se evalúan los indicadores de desempeño;
- Se evalúa la presión asociada al logro de los objetivos; y,
- Se evalúa el desempeño de los responsables del control interno a lo largo de la empresa.

La palabra *"accountabilty"* significa responsabilidad, rendición de cuentas, reportar los resultados de un encargo que se ha recibido con antelación. En los asuntos económicos es una obligación la rendición de cuentas, una persona accountable es responsable de los recursos financieros confiados. Consiste en ser consciente del compromiso adquirido y el deber que se tiene de informar sobre los resultados de la gestión realizada. Esta acción fortalece la ética, la honestidad implícita en una actuación transparente; no requiere coacción, sino que se procede por convicción. La rendición de cuentas tiene dos vías: el accountable y quien recibe el reporte ejerciendo el control sobre los resultados. El controlador debe ser consciente de su función de vigilancia y dar validez al desenlace cerrando el círculo de *accountabilty*. Cuando no hay comprobación o se realiza de manera endeble, la responsabilidad se debilita y se posibilita la oportunidad del fraude.

La gerencia tiene la responsabilidad de velar para que todos los integrantes de la empresa rindan cuentas de sus actividades. Los gerentes de nivel operativo deben pedir que sus supervisados le rindan cuenta de sus acciones para darles la retroalimentación requerida. Felicitarlos cuando el trabajo fue bien realizado y, en caso de fallas, explicar las mejores prácticas de trabajo en forma constructiva. La retroalimentación fortalece el liderazgo de la gerencia, así como el hábito de dar cuenta.

Se tienen definidos los responsables del Control Interno a lo largo de la organización. La gerencia es responsable del control interno y debe enfocarse en definir encargados de los controles en toda la empresa. Establecer políticas y procedimientos por escrito, identificando áreas y niveles formales de ejecutar los controles en las actividades operativas diarias. Asegurarse del logro de objetivos de la organización como un todo, no solo en su respectiva área de responsabilidad. Decía Peter Drucker que las distintas áreas de la organización deben coordinarse para hacer eficientes los procesos como un todo. De nada sirve que un área sea competente si esa competencia no hace eficiente a toda la organización.

Uno de los aspectos que se descuidan en algunas empresas, es la **rendición de cuentas**. A los empleados que manejan recursos monetarios no se les exige informes claros y detallados de su utilización. La "oportunidad" que tienen para cometer irregularidades es grande; dice el refrán: "en arca abierta, el justo peca".

Se establecen indicadores de desempeño e incentivos: Los indicadores se definen para un lapso determinado, tiempo en el que se registran los datos que serán procesados. Por otra parte, en toda empresa existen los números críticos que reflejan aspectos operativos clave para lograr los resultados inmediatos. Tanto los indicadores como los números críticos deben incluir evaluaciones para determinar los niveles de cumplimiento y contemplar incentivos o aplicar correctivos. Los indicadores de desempeño deben ser definidos claramente para medir las actividades operativas en las distintas áreas de la empresa. El objetivo es tener el panorama completo del funcionamiento de los procesos que son áreas de responsabilidad de una gerencia. Cuando el resultado de un indicador es anormal, constituye una alerta para tomar acciones oportunas prestando mayor atención a los procesos. Los problemas operativos en las organizaciones se detectan con mayor facilidad cuando se manejan números críticos e indicadores precisos y oportunos.

Se evalúan los indicadores de desempeño: Si, por ejemplo, una línea de producción está diseñada para producir 1000 unidades por hora (variación aceptable de +/- 5%). El supervisor debe controlar y registrar cada hora, las unidades producidas durante su turno de trabajo. Si observarse que solo hay 600 unidades producidas en una hora determinada, averiguará las causas para tomar las acciones pertinentes. El origen de la baja producción podría ser: falta de insumos, atasco en la línea, corte eléctrico, falla de algún equipo, parada para mantenimiento, etc. Otro indicador es la Utilidad Contable versus la utilidad estimada o presupuestada; si existen variaciones importantes habría que analizar las causas. La variación puede deberse a que los ingresos fueron menores a lo estimado, el "mix" de productos vendidos distinto a lo presupuestado. En el caso de incrementos o reducción de los costos o gastos, la variación puede ser mayor o menor a lo presupuestado.

Se evalúan la presión asociada al logro de objetivos: El Directorio o la alta gerencia pueden establecen ciertos objetivos de difícil cumplimiento, originándose presiones sobre los responsables de alcanzarlos. Para lograr estos objetivos, los responsables pueden valerse de acciones que violan ciertas normas de conducta o los procedimientos establecidos. Por ejemplo: alcanzar metas de ventas muy altas es difícil de lograr; se registran ventas ficticias que al mes siguiente serán reversadas. Objetivos de Utilidad Neta presupuestada, generan bonos para la gerencia; cuando no lo logran, recurren a ciertos artificios contables para inflar los ingresos. El Directorio y la alta gerencia deben revisar estos objetivos asegurándose de que sean alcanzables, evitando la presión indebidamente. Si bien, es importante y necesaria cierta presión, lo perjudicial es el exceso cuando se fijan metas inalcanzables. Evitar que la presión se convierta en uno de los factores a los que nos referimos al hablar del fraude.

Se evalúa el desempeño de los responsables del control interno a lo largo de la organización: La gestión de personal requiere de ciertas metodologías de evaluación del desempeño. El resultado de estas evaluaciones permite diseñar programas de capacitación, mejora continua, planes de carrera, otorgar incentivos, etc.

La evaluación de desempeño de la gerencia operativa debe incluir la implementación, monitoreo y seguimiento de controles para lograr objetivos. Considerar la evaluación a través de las tres líneas de defensa que se vieron anteriormente. Se deben sopesar la aplicación de sanciones correctivas en caso de faltas cometidas contra la ética o los procedimientos establecidos. Dejar de corregir conductas inadecuadas puede significar debilidad, permitiendo la posibilidad de que cualquier empleado pueda justificar una falta o conducta incorrecta. Al considerar el record del trabajo y buena conducta de quien haya cometido una falta por primera vez, puede existir flexibilidad. El motivo por el que se deja sin sanción un determinado caso debe darse a conocer a todo el personal. Este tipo de comunicación inclusiva, refuerza la cultura de valores, la transparencia y credibilidad de los líderes en la empresa.

Estos principios dan pautas para prevenir irregularidades o evitar casos de fraude en las organizaciones que los apliquen. Los puntos de enfoque dan las herramientas para implementar iniciativas que fortalecen la cultura de responsabilidad y valores éticos. Hay aspectos importantes que se deben plasmar en un documento formal que esté al alcance de todas las partes relacionadas. El código de ética y conducta es una declaración de principios y valores de la entidad: establece las pautas de acción. En el último capítulo del libro se trata este tema con mayor detalle.

Hemos visto el rol de la gerencia, su importante labor de supervisión y responsabilidades para el logro de objetivos. Las empresas son entes constituidos ante las leyes y la sociedad que requieren una estructura formal, la cual limita funciones y responsabilidades. En el capítulo relacionado con la cultura empresarial, se desarrollan los principios de la Responsabilidad Social contempladas en la norma ISO 26000. Estos principios están muy relacionados con el Ambiente de Control que hemos desarrollado, alineándose la RSE con la metodología COSO.

La Cultura Organizacional
y la norma ISO 26000

Para la UNESCO, la cultura permite al ser humano la capacidad de reflexión sobre sí mismo: a través de ella, el hombre discierne valores y busca nuevas significaciones[15]. También es la forma de ser y hacer las cosas que caracteriza a un individuo, un grupo de personas o una organización. Se dice que una persona es culta en algún tema cuando demuestra sus conocimientos en esa materia. Las entidades que han formado una cultura, hacen lo que dicen que son y lo manifiestan en sus actividades diarias. Cultura, como el conocimiento acumulado a través del tiempo, son creencias, actitudes y conductas que caracterizan a un grupo social. Surge de los lineamientos que dictan los líderes del grupo; se va forjando con esfuerzo, dedicación y disciplina. Los individuos que pertenecen al grupo actúan sobre las bases de las creencias y normas que todos ellos reconocen y respetan. La cultura de un grupo social puede ser fuerte o débil, dependerá del esfuerzo y dedicación que se ponga para crearla y mantenerla.

Una organización como grupo social tiene creencias, actitudes y conductas que le imprimen una forma particular de ser y actuar. Cuando la cultura organizacional incluye valores y principios, su capacidad para lograr sus objetivos se fortalece, se vuelve más poderosa. Don Soderquist, en su libro El Estilo Wal-Mart[16], dice: "*Es sumamente importante que los valores de una organización sean expresados y entendidos claramente por parte de los que trabajan en esa organización*", luego añade "*Es muy triste, actualmente, ver cómo las compañías luchan*

---

15 Definición de cultura - Qué es, Significado y Concepto: http:// definicion.de/cultural/ #ixzz45nT9zDmP - *United Nations Educational, Scientific and Cultural Organization (UNESCO)*
16 SODERQUIST, DON (2005). El Estilo Wal-Mart: La historia interna del éxito de la compañía más grande del mundo. Grupo Nelson.

y hasta fracasan porque perdieron la visión y los valores que eran la base de su éxito". Se refiere a aquellas corporaciones que fracasaron por buscar resultados rápidos, con una gerencia preocupada solo por el corto plazo. Las empresas que gestaron la crisis financiera del año 2008, buscaban enriquecerse a cualquier costo: sus líderes impusieron una cultura errada. Con la globalización, los negocios no tienen fronteras; hay hechos que afectan negativamente la economía en cualquier punto del planeta.

La recesión financiera global que se desencadenó en septiembre de 2008 es un ejemplo de las consecuencias de una cultura errada. El documental "Inside Job" muestra cómo se gestó la crisis económica global que afectó a millones de personas, se perdieron ahorros, empleos y viviendas. Como preámbulo, esta película presenta el caso de Islandia, país pequeño con alto estándar de vida y un PBI de trece mil millones de dólares. Las instituciones financieras de este país, llegaron a acumular cien mil millones de dólares en pérdidas bancarias. El origen de la crisis se remonta al año 2000, el gobierno inició un proceso de desregulación de la economía y privatizó tres bancos. Un empresario había comprado varios negocios con préstamos mil millonarios, además de un jet privado, un yate y una lujosa vivienda. Fue el año 2007, cuando se presentó la recesión bancaria en Islandia; como se dijo antes, se venía gestando desde el año 2000. Al desatarse la crisis, el desempleo se triplicó en solo seis meses y mucha gente perdió sus ahorros.

El documental narra luego la situación en la bolsa de valores de Estados Unidos, cuestionando el sistema por los abusos cometidos. La falta de regulación en muchos aspectos, se permitían elevados sueldos para los ejecutivos del sector financiero, sin control alguno. Se destacan las gigantescas ganancias privadas y enormes pérdidas públicas. Los entes reguladores no funcionaron para sancionar oportunamente una serie de irregularidades. En septiembre de 2008, la quiebra del banco de inversión Lehman Brothers y el colapso de la mayor aseguradora del mundo AIG, desencadenaron la crisis. Le costó al mundo decenas de billones de dólares, dejando 30 millones de desempleados y duplicando la deuda nacional de Estados Unidos. El "crac" fue a causa de una industria fuera de control que venía advirtiéndose desde la década de los años ochenta. La desregulación financiera de bancos, como

Morgan Stanley, hizo que las instituciones bancarias crecieran a niveles sorprendentes. La industria financiera tuvo un gran boom del que sacaron provecho quienes trabajaban en este sector, ganando grandes fortunas. Se cometieron fraudes, lavado de dinero, alteración de estados financieros, estructuración de instrumentos sin sustento, y otras irregularidades. Los altos ejecutivos de las instituciones protagonistas, recibían compensaciones millonarias y no tenían reparos para demostrar las fortunas que estaban amasando. Los economistas crearon complicados instrumentos denominados "derivados" cuyo mercado, a finales de los años 90, superó los 50 mil millones de dólares. No obstante haber recomendado los entes encargados de supervisarlos; regular los "derivados", no hubo autoridad que tomara medias para hacerlo. Las presiones desde el alto gobierno, dejaron sin regulación estos instrumentos financieros. Los "derivados" contenían un conjunto de diversos préstamos, incluyendo los hipotecarios que se denominaban "bonos" para venderlos a los inversionistas. A los bancos prestamistas no les importaba si el deudor podía pagar, porque vendía la deuda a los Bancos de Inversión. Los "bonos" fueron denominados Subprime y contaban con "excelentes" calificaciones de riesgo, por lo que los inversionistas confiaban, pero eran engañados.

El caso de la empresa brasileña Odebrecht es otro ejemplo de manejos oscuros y sobornos para conseguir contratos con gobiernos corruptos. Los escándalos han llegado a las altas esferas del poder en Brasil, Perú y otros países Latinoamericanos. Con base a los hechos que se investigaron en Curitiba – Brasil, se llevó a las pantallas la serie de TV "El Mecanismo". Se trata del caso Lava Jato que fue descubierto por un del policía, una mafia que funcionaba a todo nivel, como un mecanismo. Estaba tan difundido que era como un cáncer que carcomía los recursos financieros del estado en distintas instituciones. El mecanismo lo integran cuatro elementos: entidad gubernamental, contratista, operador y agente público. El contratista puede fungir también como agente público si se encarga de realizar el trabajo. El operador viene a ser el funcionario corrupto que pone en contacto a las partes. El caso destapó un esquema de corrupción masiva con ejecutivos de Petrobras, intermediarios, políticos y cúpulas directivas de grandes constructoras brasileñas. Desde un inicio, la operación Lava Jato, estuvo liderada por el juez federal Sergio Moro. Ha expedido órdenes de detención y condenando a importantes personajes de la vida empresarial y política de Brasil. En la actualidad aún continúan las investigaciones en Brasil, Perú y otros países de Latinoamérica.

Hay que restaurar la honestidad y transparencia en la gestión dentro de las instituciones que operan en los mercados financieros. Es preciso devolver y mantener la confianza en estas organizaciones para lograr la estabilidad del sistema financiero mundial. Los líderes empresariales responsables deben velar por la sustentabilidad a largo plazo y no por los resultados financieros del trimestre inmediato. Cuando los objetivos del trimestre no se logran, se sanciona económicamente a los gerentes, no cobran el bono estipulado. Sin embargo, al establecer una cultura con principios y valores, los objetivos estrían dirigidos a resultados en el largo plazo. La sustentabilidad depende de las decisiones y acciones del presente, deben considerarse que cada acción, tiene impactos inmediatos y futuros.

Las actividades de rutina por las operaciones de una empresa, tienen repercusiones a lo interno y externo, afectando el entorno. La diversidad de personas que la integran, tienen creencias propias y formas de pensar distintas que los líderes deben armonizar. Las políticas, normas de conducta, valores y costumbres del grupo como organización, permiten a sus integrantes unir esfuerzos para lograr objetivos. La cultura organizacional prevalece en el colectivo, la forma de actuar de la mayoría, imprime una personalidad de grupo. Cuando la cultura de la organización está bien definida, puede ser fortalecida para facilitar el logro de las metas. Sin embargo, existen entidades cuya cultura es difusa y sus objetivos no están definidos o no están claramente expresados. En estos casos, las consecuencias son evidentes: se refleja en sus actividades operacionales y sus relaciones internas llegan a ser conflictivas. Se presentan problemas complicados con los clientes, proveedores y otros grupos de interés, el logro de objetivos se hace difícil. Toda empresa debe sustentase financieramente, cuando no lo hacen, sencillamente tendrá que cerrar sus puertas o declararse en quiebra. El sustento se logra con resultados financieros positivos, cumpliendo el presupuesto, manejando eficientemente la tesorería y el flujo de caja. La cultura de la organización tiene un gran impacto en la estabilidad y en el logro de buenos resultados financieros. Para las empresas, el aspecto económico es de singular importancia, de ello depende su permanencia en el largo plazo. Cuando no se logran los resultados esperados, las consecuencias son muchas, se cae en incumplimiento de los compromisos de pago. También genera inestabilidad en el mercado, pérdida de clientes y presiones de distinta índole que afectan a toda la organización. La empresa tiene que buscar una solución para estabilizar sus finanzas, en caso contrario será difícil continuar normalmente con sus operaciones.

Consideremos la formación que se recibe en el hogar o la escuela, la que dan los padres o los maestros. Las normas de conducta, valores y costumbres se forman desde la temprana edad. Depende de los padres y maestros, responsables de esta formación, la intensidad y consistencia que le impriman a estos aspectos. Si hay consistencia entre lo que se dice y lo que se hace, las personas en la etapa de formación, adquieren con arraigo una cultura con valores. Hay padres que a veces no son consistentes en los hechos; predican y exigen a sus hijos que siempre digan la verdad. Cuando por alguna razón no quieren atender una llamada telefónica, la cual su hijo pequeño ha contestado, le indican: "dile que no estoy". Esta inconsistencia crea conflictos en el niño que está en formación, porque ve a padres o maestros demandando que siempre diga la verdad, pero ellos mienten. Cuando el niño debe manifestar la verdad a sus padres, se cree con derecho a mentir; los padres saben que está mintiendo y lo castigan. Tal vez el niño no reclame por temor, pero se crea en él un gran conflicto que le queda grabado en el subconsciente. Conductas de esta naturaleza, que se repiten con frecuencia, van formando una persona temerosa, insegura, con principios y valores de poca solidez.

En la actualidad, muchos hogares dedican poco tiempo a la formación y orientación de los hijos. Los padres pasan más tiempo en el trabajo que en el hogar, confiando en que la escuela se encargará de formar a sus hijos. Hay una gran influencia de la televisión y la tecnología; los niños aprenden más por estos medios que por lo que se les transmite en el hogar y la escuela. Tal vez por eso, muchos piensan que la formación familiar antigua era mejor, más fuerte en valores y principios morales. Hay quienes critican o se quejan del entorno actual por la pérdida de valores, añorando el contexto de nuestros abuelos. Otros esperan que las autoridades, la escuela o "alguien" haga "algo" al respecto para tener un mundo mejor. Pocos se atreven a realizar cambios para mejorar su entorno, el de sus organizaciones o su comunidad. Los niños que tuvieron una formación deficiente en este sentido, y que ahora son adultos, pueden fortalecer sus valores y principios para ser útiles a la sociedad. Comparemos el hogar con cualquier organización, ambos están integrados por gente que comparte muchas cosas en común, siguen los lineamientos de sus líderes. Por la jerarquía que ostentan los líderes empresariales, están investidos de la autoridad que todos los empleados reconocen y respetan. El líder con mayor jerarquía es el presidente o gerente general, la figura que todos los miembros de la organización ven como un modelo a seguir. Cuando esta persona es consistente con lo que dice y hace, los demás seguirán su ejemplo; influirá en la cultura con los principios que tiene y demuestra.

Hay gente que considera que los valores y principios morales se han perdido en las instituciones, que sus líderes solo tratan de utilizar a los demás para su beneficio personal. Este juicio puede estar sesgado, porque están viendo solo algunas empresas que en realidad tienen problemas con sus líderes. Ellos solo están pendientes por sus operaciones y los resultados financieros, les preocupa poco la gente y los principios éticos. Trabajando con confianza y consistencia, se puede cambiar el entorno, mejorarlo y fortalecer la cultura ética de cualquier organización. Hay gente optimista que no solo piensa que sí es posible cambiar el entorno, sino que está trabajando para ello. Hay muchos casos que lo demuestran. Un ejemplo es el relato de Gloria Steinheim en su libro "Revolution from Within: A Book of Self-Esteem"[17]. Ella cuenta la historia del Royal Knights de Harlem, campeones escolares de ajedrez constituidos por docenas de "inadaptados" de este barrio de Manhattan. Eran niños que pasaban el rato en la calle, involucrados en crímenes menores y violencia, con un pie atascado en la delincuencia, experimentando con drogas. La gente que los observaba concluía que ellos eran inútiles, peligrosos, sin esperanza, que solo podían alcanzar una sentencia a la cárcel, y sin valor para cualquier inversión. Pero Bill Hall, un "ordinario" profesor de escuela, les vio potencial como ninguno pudo ver. A través de la actividad del

---

17 STEINEM, GLORIA (1993). Revolution from Within: A Book of Self-Esteem. Little Brown and Company

club de ajedrez, logró un ambiente y una serie de experiencias que cambiaron la forma en que los niños se miraban a sí mismos. Otro ejemplo es la ONG "Proyecto Alcatraz. Delincuencia cero"[18], que rescata jóvenes delincuentes para reinsertarlos en la sociedad.

Según las percepciones de cada persona, algunas ven las cosas con optimismo, mientras otras tienden a verlas con pesimismo. Hay quienes se fijan más en un mundo convulsionado donde los valores morales son escasos, predominando el interés por lo material. En otra cara de la moneda, las instituciones dedicadas al desarrollo de valores espirituales, éticos y religiosos, se van incrementando. Podemos ver el vaso medio lleno o medio vacío. El optimista prefiere verlo medio lleno, con una visión de esperanza en que las cosas del entorno puedan mejorar. Las transformaciones del contexto en que vivimos son parte de la evolución social, económica y política. El fraude, la corrupción, la falta de valores éticos y morales no son recientes, vienen de tiempos antiguos. Aunque esto no puede ser un consuelo para quedarnos de brazos cruzados, "mal de muchos, consuelo de tontos". El bien se impone y el progreso de los pueblos no se detiene. Es factible mejorar las cosas si hay voluntad y optimismo, hay que trabajar para que esto ocurra, sin claudicar.

La actitud individual es poderosa, sin embargo, las organizaciones requieren que las personas hagan sinergia y trabajen en equipo. Stefen Covy, en los "7 hábitos de gente altamente efectiva", nos dice: *"uno más uno igual a tres"*. Pero hay que considerar la individualidad de cada persona, como humanos tenemos altas y bajas que afectan nuestro desempeño. Si un equipo está alineado y cada quién conoce su función, las fallas pueden pasar desapercibidas y afectar muy poco al rendimiento grupal. Es importante trabajar en equipo con liderazgo, pero no el que se ejerce por la autoridad que su posición le confiere. Un líder no se impone. Busca la manera de comprometer a los demás para que las actividades del equipo vayan en beneficio de todos. Dicta las pautas concretas, establece las tareas y responsabilidades para el desempeño, dando retroalimentación cada vez que sea necesario. Trabajar en equipo implica colaboración, sentirse parte del grupo, tener un interés genuino por los demás. Un equipo no acepta individualismos o com-

18 http://www.proyectoalcatraz.org/home_esp.php

petencia entre sus miembros; todos participan en la construcción de una visión compartida. Cuando alguien no está identificado con su equipo, pondrá muy poco interés para cumplir el objetivo que persigue el grupo. En una ocasión hice un reclamo porque se dañó un accesorio de mi computadora. Habiendo transcurrido más de dos meses, el reclamo no prosperaba. Decidí llamar a las oficinas administrativas del fabricante; la persona que me atendió dijo que en ese departamento nadie atendía reclamos y que me comunique con el área comercial. Cuando le digo que ya estaba cansado de llamar sin que resolvieran mi problema, insistió en que nadie podía atenderme. Luego expresé: "tendré que acudir a las autoridades para denunciarlos", a lo que respondió: "Sí, hágalo, creo que es lo mejor". Peter Glen en su libro "¡Eso no es asunto mío!"[19], comenta una serie de situaciones de servicios mal atendidos. Glen reconoce que hay empresas que se esfuerzan en entrenar su personal para prestar una excelente atención, pero que la lista es corta. Helen Keller decía: "*La ciencia puede haber descubierto una cura para casi todos los males; pero no ha encontrado remedio para el peor de todos: la apatía de los seres humanos*".

La motivación es el factor clave para que la gente realice un trabajo que merece reconocimiento en lugar estar quejándose. Hay personas que han aprendido a motivarse a sí mismas pese a las circunstancias adversas que puedan estar pasando. Quien se encuentra motivado es activo, dinámico, logra hacer su tarea sin dificultad y la hace con gusto. La motivación es un estado de ánimo que produce actitudes positivas; surge en cada persona, no puede ser impuesta. El ambiente, la actitud y el trato que dan los líderes a su personal, influyen mucho para inspirar y motivar. Estos aspectos son fundamentales en toda organización para crear el Ambiente de Control que hemos tratado en la metodología COSO.

Un experimento realizado con animales, ilustra cómo modificar paradigmas a través de un "método" para la gestión del cambio. El experimento "Paradigma de los monos"[20], pretende ilustrar científicamente el cambio de las percepciones y costumbres de estos animales. Se inicia con cinco monos encerrados en una jaula donde hay una escalera sobre la que han puesto un racimo de plátanos.

19 GLEN, PETER. (1992). "¡Eso no es asunto mío!". Editorial Norma.
20 https://www.youtube.com/watch?v=ecY9NQNPBDE

Cuando alguno de ellos sube para tomar el racimo, los científicos utilizan bastante agua para bañarlos sorpresivamente. El baño se repite cada vez que suben la escalera y alcanzan la fruta. Los primates se dan cuenta que subir por las escaleras para agarrar los plátanos, es peligroso; significa que serán fuertemente mojados. Ahora cualquier intento de alguno de ellos por subir a tomar los bananos, es impedido por los demás, propinándole golpes. En este punto, quienes realizan el experimento cambian uno de los animales enjaulados por otro claramente identificado para distinguirlo de los demás. El nuevo miembro del clan intenta ascender para agarrar la fruta, pero los demás lo golpean impidiéndole que pueda hacerlo. Los experimentadores ahora ya no utilizan agua para bañarlos. Seguidamente, sustituyen a otro mono del grupo original también identificándolo para que se diferencie de los que recibieron el baño de agua. La situación se repite; impiden que el compañero reciente, trepe por las escaleras para agarrar los plátanos. Así sucesivamente, se sustituye otro del grupo inicial hasta que todos los monos antiguos han sido cambiados. Ahora los primates que están en la jaula nunca recibieron el baño de agua. Todos los que están enjaulados son nuevos y actúan como los antiguos; ninguno de ellos sube por las escaleras para agarrar los plátanos. Estos animales cambiaron su paradigma. Todos tienen algún temor de intentar siquiera tomar uno de los plátanos.

El experimento concluye con la siguiente reflexión de los investigadores: *"Si le preguntaran a cualquiera de estos monos porqué impedían que alguno de ellos suba por las escaleras para agarrar los plátanos, la respuesta sería: no sé, pero las cosas aquí siempre han sido así"*. Esta respuesta es lugar común en las organizaciones; "las cosas siempre se han hecho así" y muchas veces nadie sabe porque se hacen así. Como siempre se han realizado de una manera, se continúan haciendo, sin cuestionamientos. Es la forma más cómoda de actuar; no preguntarse el porqué, no cuestionar las cosas, continuar haciendo algo sin explicación alguna. Cuando se trata de cambiar malos hábitos para implementar nuevas formas de proceder, la gente debe entender el razonamiento lógico de tales cambios. Si no tienen sustento ni fundamento, el esfuerzo será inútil, o en corto tiempo se volverá a las viejas costumbres.

Todo ser humano necesita ciertos valores fundamentales, esenciales para vivir en la sociedad y desempeñarse en una organización. Entre tales valores se encuentran el respeto, la honestidad, y la responsabilidad. Estos se demuestran con hechos: si no se ponen en práctica para el desempeño laboral, el ambiente interno carece de integridad. El entorno laboral estaría enrarecido, denso y pesado, difícilmente se obtendrían los resultados que busca la organización. Toda empresa tiene objetivos en términos financieros, operacionales o sociales que alcanzar; si no cuenta con los insumos y recursos, será difícil lograrlos. Una entidad será sustentable en la medida en que tenga gente con valores, comprometida, esforzada para lograr los objetivos.

El libro *"Ética para todos"*[21], de Eric Harvey y Scott Airitam, señala que la ética consiste en hacer lo correcto, justo, honesto y legal. Alguien puede tener creencias y pensamientos éticos, pero actuar de manera incorrecta, injusta, deshonesta o ilegal, la acción es lo determinante. La ética es ejercicio, está en todas las actividades diarias, en las relaciones con los compañeros de trabajo, con clientes, proveedores y demás relacionados. Se manifiesta en una comunicación abierta y de confianza mutua. Harvey y Airitam consideran que, para un comportamiento ético en el campo laboral, debemos dominar las tres Rs: Respeto, Responsabilidad y Resultados.

Las tres Rs de la ética:

Respeto, se refiere al trato digno y cortés hacia todas las personas con las que interactuamos en la organización. El uso racional, mesurado y cuidadoso, sin abuso, de los recursos que las empresas ponen a disposición de sus empleados para facilitar su trabajo. Se manifiesta al interactuar con los demás trabajadores, haciéndolo con dignidad y cortesía, reconociendo el esfuerzo de los otros. Dar crédito a quien se lo merece por algún trabajo especial o fuera de lo común que haya realizado. Igualmente, al eliminar palabras ofensivas y bromas pesadas de nuestro vocabulario. En el respeto a los

---

21 HARVEY, E. y AIRITAM, S., (2002). *Etics 4 Everyone. The Handbook for Integrity-Based Business Practices*. The Walk the Talk Company.

bienes de la organización, utilizando los recursos y suministros de manera apropiada y eficaz. Hacer uso eficiente del tiempo que disponemos para realizar el trabajo asignado; este importante recurso hay que utilizarlo racionalmente. En ocasiones donde se comparten ciertas actividades con otros trabajadores; en reuniones laborales o de negocios, la puntualidad es respetar el tiempo de los demás. Cuando se llega fuera de la hora pautada a una reunión, es fácil dar una excusa. Hay que ser conscientes del tiempo de las personas que llegaron a la hora pautada y tienen que esperar por los impuntuales. El respeto a los demás en las organizaciones, también se manifiesta manteniendo el puesto de trabajo ordenado y limpio, evitando generar ruidos molestos.

Responsabilidad, definida por Stephen Covy en su libro *"7 hábitos de la gente altamente efectiva"* como la habilidad de responder ante diversas circunstancias. En el campo laboral es responsable quien presta sus servicios en el tiempo estipulado y con la calidad que los demás esperan. El que es responsable cumple con su trabajo cubriendo o excediendo las expectativas de quien se lo encomendó (cliente interno o externo). Cuando se trabaja en equipo, la responsabilidad se manifiesta asumiendo la parte que a cada quien le corresponde, evitando ser solo una figura decorativa en el grupo, mientras los demás realizan el trabajo. Existe responsabilidad cuando se cubren las expectativas de la persona que contrató un servicio. Trabajar con responsabilidad agrega valor a los productos o servicios que la organización ofrece. El título del libro, se refiere también a este tipo de responsabilidad que deben asumir y practicar los líderes empresariales.

Resultados, son las manifestaciones y consecuencias referidas a las actividades que realiza una persona como parte de sus funciones en la empresa. En ocasiones puede ser difícil medir los resultados del desempeño, pero a la larga se detecta a quienes no tienen el rendimiento esperado. En las organizaciones hay personas que monitorean los resultados del trabajo de otros, exigiendo la rendición de cuentas de lo realizado. Los supervisores, jefes, gerentes y directores, también tienen que rendir cuentas, estos últimos a los accionistas o socios. Los dueños de una empresa esperan buenos resultados financieros y decreto de dividendos en referencia a la utilidad neta de un ejercicio económico. El obrero tiene un supervisor pendiente del número de unidades que debe producir en un tiempo determinado. Lo importante es alcanzar los resultados y hacerlo de manera eficiente y con un comportamiento ético. Se procede éticamente cuando no se toman atajos o el camino de la menor resistencia. Cuando se actúa tomando el desvío, el camino más fácil para logar la meta, a la larga se conocerá la verdad. Un mal proceder tiene consecuencias negativas, el fin no justifica los medios. Las instituciones financieras descritas en el documental "Inside Job", tuvieron el afán de generar resultados económicos "como sea". Otorgaron créditos hipotecarios sin garantías y ocasionaron la crisis financiera del 2008 que tuvo repercusiones en la economía global.

Los líderes empresariales tienen la responsabilidad de guiar y orientar a los empleados o colaboradores para alcanzar objetivos. Cuando se está tomando el camino equivocado, son ellos quienes deben corregir la dirección dando la orientación necesaria. Tienen que estar muy conscientes de su rol y compromiso con los que le confiaron conducir los destinos de la empresa. Su enfoque, además de cumplir con los objetivos financieros, debe estar en su gente, en quienes hacen que las cosas sucedan. Dice Arie De Geus[22], "*Las compañías se extinguen porque sus gerentes se enfocan en la actividad económica de producir bienes y servicios, y ellos se olvidan que la verdadera naturaleza de su organización es una comunidad de personas*".

En la columna Línea de Carrera que publica El Comercio en el suplemento Aptitus, Lucio Cacho recomienda a las nuevas generaciones: "*Primero lo primero, los jóvenes deben saber que un profesional es aquel que hace las cosas bien, para eso deben estar preparados en la universidad, en la escuela técnica o en talleres, pero lo más importante es desarrollarse en lo que les gusta, trazarse metas a corto, mediano y largo plazo. Una persona sin planes es como un barco a la deriva, de esta manera ellos aportarán al país la productividad que se necesita. Que no se olviden de ser solidarios, soñadores, honrados, disciplinados y respetuosos*"[23]. Las recomendaciones de

22 DE GEUS, A., (2007). *The living company*. Nicholas Brealey Publishing.
23 CACHO, Lucio. Gerente general de LC Group. Artículo: *Una persona sin planes es como un barco a la deriva. Lo más importante es trazarse metas,*

Lucio Cacho con base a su experiencia como líder organizacional, se refieren a la responsabilidad de los jóvenes profesionales como supervisores.

ISO 26000 Responsabilidad Social

Tal como vimos en el primer principio del Ambiente de Control, se destaca la responsabilidad como un elemento del **compromiso ético**. La norma ISO 26000 tiene por objetivo maximizar la contribución de las organizaciones al desarrollo sostenible, y establece principios de responsabilidad social. COSO y la norma ISO 26000 coinciden en señalar que se requiere implementar y fortalecer la cultura ética en las organizaciones. Esta coincidencia se aprecia claramente en los siguientes **principios que son los fundamentos de la norma ISO 26000:**

1. Rendición de cuentas
2. Transparencia
3. Compromiso ético
4. Respeto a los intereses de las partes interesadas
5. Respeto al principio de legalidad
6. Respeto a las normas internacionales
7. Respeto a los derechos humanos.

La Rendición de Cuentas, fue explicada como una actividad del control interno en el quinto principio del Ambiente de Control. Tiene estrecha relación con la Transparencia y el Compromiso Ético que caracterizan a la gerencia de toda entidad socialmente responsable. Para respetar los intereses de las partes interesadas, la empresa primero identifica y conoce cuáles son estos intereses. Del mismo modo para cumplir y acatar las leyes, tiene que conocer las disposiciones legales que aplican a su funcionamiento y operaciones. En ambos casos, se requiere de personal especializado en el manejo de aspectos legales y de las iniciativas de responsabilidad social.

Las empresas deben tomar en consideración además de las leyes que aplican a sus actividades, la normativa internacional para acatarla y respetarla. El respeto a las leyes es fundamental para la convivencia y el orden social, y las organizaciones, deben cumplirlas cabalmente. Los derechos humanos son principios inhe-

(15 de febrero de 2015). Aptitus, El Comercio.

rentes a todas las personas, sin distinción de nacionalidad, sexo, origen étnico, color, religión, lengua, o cualquier otra condición. Todos tenemos los mismos derechos humanos, sin discriminación alguna; están interrelacionados, son interdependientes e indivisibles; universales y contemplados en las leyes. Los gobiernos garantizan estos fundamentos en tratados internacionales, principios generales y otras fuentes del derecho que les establece ciertas obligaciones. Toman medidas en ciertas situaciones, o se abstienen de actuar de determinada forma, para promoverlos; protegiendo las libertades fundamentales de los individuos.

La declaración universal de los **derechos humanos** que publica en su página web la Organización de Naciones Unidas[24], establece:

Artículo 1: Todos los seres humanos nacen libres e iguales en dignidad y derechos y, dotados como están de razón y conciencia, deben comportarse fraternalmente los unos con los otros.

Artículo 2: Toda persona tiene todos los derechos y libertades proclamados en esta Declaración, sin distinción alguna de raza, color, sexo, idioma, religión, opinión política o de cualquier otra índole, origen nacional o social, posición económica, nacimiento o cualquier otra condición. Además, no se hará distinción alguna fundada en la condición política, jurídica o internacional del país o territorio de cuya jurisdicción dependa una persona, tanto si se trata de un país independiente, como de un territorio bajo administración fiduciaria, no autónomo o sometido a cualquier otra limitación de soberanía.

Artículo 3: Todo individuo tiene derecho a la vida, a la libertad y a la seguridad de su persona.

Artículo 4: Nadie estará sometido a esclavitud ni a servidumbre, la esclavitud y la trata de esclavos están prohibidas en todas sus formas.

Artículo 5: Nadie será sometido a torturas ni a penas o tratos crueles, inhumanos o degradantes.

Artículo 6: Todo ser humano tiene derecho, en todas partes, al reconocimiento de su personalidad jurídica.

---

24 http://www.un.org/es/documents/udhr/

Artículo 7: Todos son iguales ante la ley y tienen, sin distinción, derecho a igual protección de la ley. Todos tienen derecho a igual protección contra toda discriminación que infrinja esta Declaración y contra toda provocación a tal discriminación.

Artículo 8: Toda persona tiene derecho a un recurso efectivo ante los tribunales nacionales competentes, que la ampare contra actos que violen sus derechos fundamentales reconocidos por la constitución o por la ley.

Artículo 9: Nadie podrá ser arbitrariamente detenido, preso ni desterrado.

Artículo 10: Toda persona tiene derecho, en condiciones de plena igualdad, a ser oída públicamente y con justicia por un tribunal independiente e imparcial, para la determinación de sus derechos y obligaciones o para el examen de cualquier acusación contra ella en materia penal.

Artículo 11: 1) Toda persona acusada de delito tiene derecho a que se presuma su inocencia mientras no se pruebe su culpabilidad, conforme a la ley y en juicio público en el que se le hayan asegurado todas las garantías necesarias para su defensa. 2) Nadie será condenado por actos u omisiones que en el momento de cometerse no fueron delictivos según el Derecho nacional o internacional. Tampoco se impondrá pena más grave que la aplicable en el momento de la comisión del delito.

Artículo 12: Nadie será objeto de injerencias arbitrarias en su vida privada, su familia, su domicilio o su correspondencia, ni de ataques a su honra o a su reputación. Toda persona tiene derecho a la protección de la ley contra tales injerencias o ataques.

Artículo 13: 1) Toda persona tiene derecho a circular libremente y a elegir su residencia en el territorio de un Estado. 2) Toda persona tiene derecho a salir de cualquier país, incluso del propio, y a regresar a su país.

Artículo 14: 1) En caso de persecución, toda persona tiene derecho a buscar asilo, y a disfrutar de él, en cualquier país.

2) Este derecho no podrá ser invocado contra una acción judicial realmente originada por delitos comunes o por actos opuestos a los propósitos y principios de las Naciones Unidas.

Artículo 15: 1) Toda persona tiene derecho a una nacionalidad. 2) A nadie se privará arbitrariamente de su nacionalidad ni del derecho a cambiar de nacionalidad.

Artículo 16: 1) Los hombres y las mujeres, a partir de la edad núbil, tienen derecho, sin restricción alguna por motivos de raza, nacionalidad o religión, a casarse y fundar una familia, y disfrutarán de iguales derechos en cuanto al matrimonio, durante el matrimonio y en caso de disolución del matrimonio. 2) Sólo mediante libre y pleno consentimiento de los futuros esposos podrá contraerse el matrimonio. 3) La familia es el elemento natural y fundamental de la sociedad y tiene derecho a la protección de la sociedad y del Estado.

Artículo 17: 1) Toda persona tiene derecho a la propiedad, individual y colectivamente. 2) Nadie será privado arbitrariamente de su propiedad.

Artículo 18: Toda persona tiene derecho a la libertad de pensamiento, de conciencia y de religión; este derecho incluye la libertad de cambiar de religión o de creencia, así como la libertad de manifestar su religión o su creencia, individual y colectivamente, tanto en público como en privado, por la enseñanza, la práctica, el culto y la observancia.

Artículo 19: Todo individuo tiene derecho a la libertad de opinión y de expresión; este derecho incluye el de no ser molestado a causa de sus opiniones, el de investigar y recibir informaciones y opiniones, y el de difundirlas, sin limitación de fronteras, por cualquier medio de expresión.

Artículo 20: 1) Toda persona tiene derecho a la libertad de reunión y de asociación pacíficas. 2) Nadie podrá ser obligado a pertenecer a una asociación.

Artículo 21: 1) Toda persona tiene derecho a participar en el gobierno de su país, directamente o por medio de representantes libremente escogidos. 2) Toda persona tiene el derecho de acceso, en condiciones de igualdad, a las funciones públicas de su país. 3) La voluntad del pueblo es la base de la autoridad del poder público; esta voluntad se expresará mediante elecciones auténticas que habrán de celebrarse periódicamente, por sufragio universal e igual y por voto secreto u otro procedimiento equivalente que garantice la libertad del voto.

Artículo 22: Toda persona, como miembro de la sociedad, tiene derecho a la seguridad social, y a obtener, mediante el esfuerzo nacional y la cooperación internacional, habida cuenta de la organización y los recursos de cada Estado, la satisfacción de los derechos económicos, sociales y culturales, indispensables a su dignidad y al libre desarrollo de su personalidad.

Artículo 23: 1) Toda persona tiene derecho al trabajo, a la libre elección de su trabajo, a condiciones equitativas y satisfactorias de trabajo y a la protección contra el desempleo. 2) Toda persona tiene derecho, sin discriminación alguna, a igual salario por trabajo igual. 3) Toda persona que trabaja tiene derecho a una remuneración equitativa y satisfactoria, que le asegure, así como a su familia, una existencia conforme a la dignidad humana y que será completada, en caso necesario, por cualesquiera otros medios de protección social. 4) Toda persona tiene derecho a fundar sindicatos y a sindicarse para la defensa de sus intereses.

Artículo 24: Toda persona tiene derecho al descanso, al disfrute del tiempo libre, a una limitación razonable de la duración del trabajo y a vacaciones periódicas pagadas.
Artículo 25: 1) Toda persona tiene derecho a un nivel de vida adecuado que le asegure, así como a su familia, la salud y el bienestar, y en especial la alimentación, el vestido, la vivienda, la asistencia médica y los servicios sociales necesarios; tiene asimismo derecho a los seguros en caso de desempleo, enfermedad, invalidez, viudez, vejez u otros casos de pérdida de sus medios de subsistencia por circunstancias independientes de su voluntad. 2) La maternidad y la infancia tienen derecho a cuidados y asistencia especiales. Todos los niños, nacidos de matrimonio o fuera de matrimonio, tienen derecho a igual protección social.

Artículo 26: 1) Toda persona tiene derecho a la educación. La educación debe ser gratuita, al menos en lo concerniente a la instrucción elemental y fundamental. La instrucción elemental será obligatoria. La instrucción técnica y profesional habrá de ser generalizada; el acceso a los estudios superiores será igual para todos, en función de los méritos respectivos. 2) La educación tendrá por objeto el pleno desarrollo de la personalidad humana y el fortalecimiento del respeto a los derechos humanos y a las libertades fundamentales; favorecerá la comprensión, la tolerancia y la amistad entre todas las naciones y todos los grupos étnicos o religiosos, y promoverá el desarrollo de las actividades de las Naciones Unidas para el mantenimiento de la paz. 3) Los padres tendrán derecho preferente a escoger el tipo de educación que habrá de darse a sus hijos.

Artículo 27: 1) Toda persona tiene derecho a tomar parte libremente en la vida cultural de la comunidad, a gozar de las artes y a participar en el progreso científico y en los beneficios que de él resulten. 2) Toda persona tiene derecho a la protección de los intereses morales y materiales que le correspondan por razón de las producciones científicas, literarias o artísticas de que sea autora.

Artículo 28: Toda persona tiene derecho a que se establezca un orden social e internacional en el que los derechos y libertades proclamados en esta Declaración se hagan plenamente efectivos.

Artículo 29: 1) Toda persona tiene deberes respecto a la comunidad, puesto que sólo en ella puede desarrollar libre y plenamente su personalidad. 2) En el ejercicio de sus derechos y en el disfrute de sus libertades, toda persona estará solamente sujeta a las limitaciones establecidas por la ley con el único fin de asegurar el reconocimiento y el respeto de los derechos y libertades de los demás, y de satisfacer las justas exigencias de la moral, del orden público y del bienestar general en una sociedad democrática. 3) Estos derechos y libertades no podrán, en ningún caso, ser ejercidos en oposición a los propósitos y principios de las Naciones Unidas.

Artículo 30: Nada en esta Declaración podrá interpretarse en el sentido de que confiere derecho alguno al Estado, a un grupo o a una persona, para emprender y desarrollar actividades o realizar actos tendientes a la supresión de cualquiera de los derechos y libertades proclamados en esta Declaración.

Hubo una rueda de prensa que dio el presidente cubano Raúl Castro cuando el presidente Obama visitó esa nación caribeña. Un periodista le preguntó si su gobierno cumplía con los derechos humanos. Algo incómodo respondió que "ningún" gobierno cumple con todos los derechos humanos, que en Cuba si se cumplen los relativos a salud y educación… Lamentablemente, no hubo más comentarios, la rueda de prensa concluyó. Parece que el señor Castro desconoce que: Todos tenemos los mismos derechos humanos, sin discriminación alguna; **están interrelacionados, son interdependientes e <u>indivisibles</u>**; universales y contemplados en las leyes. Esperemos que los líderes empresariales comprendan la importancia de estos principios para aplicarlos en sus organizaciones.

Información que las empresas difunden al público

Parece que la actitud los empresarios al tener que publicar sus cifras financieras fuera: "cuanto menos expuesta tengamos la información, mejor". Pocas empresas buscan de manera natural mostrar sus resultados y someterse a las exigencias del escrutinio de terceros. La gerencia no toma en consideración que informar con transparencia conduce a lograr una ventaja competitiva, granjeando el apoyo de las partes interesadas. Divulgar los resultados financieros, así como también los operativos y sociales, permite lograr entre otras cosas: empleados leales, financiamiento, asociaciones comerciales.

La ley peruana N° 29720 publicada el 25 de junio de 2011, promueve las emisiones de valores mobiliarios y fortalece el mercado de capitales. En su artículo 5° establece que algunas entidades distintas a las supervisadas por la Superintendencia del Mercado de Valores (SMV) deben presentar sus estados financieros. Las disposiciones y plazos determinados por la SMV aplican a entidades con ingresos anuales o activos totales iguales o mayores a 3,000 unidades impositivas tributarias (UIT). Los estados financieros deben ser elaborados de acuerdo con las Normas Internacionales de Información Financiera (NIIF) y estar auditados. Las sociedades de auditoría que auditen los estados financieros, deben estar habilitadas por un colegio de contadores públicos en el Perú. Además, este artículo 5°, establece que "*Los estados financieros presentados son de acceso al público*". La SMV elaboró la Exposición de Motivos[25] para dictar las Normas sobre la presentación de esta información,

25   www.smv.gob.pe/sil/RSM0011201200000001.doc

en los términos siguientes: *"La Superintendencia del Mercado de Valores, en observancia del artículo 5° de la Ley N° 29720, ha aprobado las "Normas Sobre la Presentación de Estados Financieros Auditados por Parte de Sociedades o Entidades a las que se refiere el Artículo 5° de la Ley N° 29720" (en adelante, las Normas), en las cuales establece el procedimiento, los plazos y la información que, con arreglo a las normas internacionales de información financiera, deben remitir a la Superintendencia del Mercado de Valores (en adelante, la SMV), las sociedades o entidades a las cuales las Normas denomina 'Entidades'.*

La exigencia a las principales empresas del país de presentar sus estados financieros elaborados observando las Normas Internacionales de Información Financiera (NIIF) contenida en la citada Ley, propicia que estas tengan normas contables de alta calidad, confiables, transparentes y comparables, facilitando con ello la toma de decisiones por parte de los diversos agentes económicos.

Al establecerse la obligación de adoptar, aplicar adecuados principios contables y de auditoría en un país y disponer su acceso, se pone en relieve la importancia que dicha información cumple en el desarrollo de la economía de un país, permitiendo que los diversos proveedores de fondos, entre los cuales se encuentran los bancos, accionistas, obligacionistas, proveedores u otros acreedores, accedan a información relevante para la toma de sus decisiones, contribuyendo así a una mejor asignación de recursos en la economía.". Para mayor información al respecto, el texto del documento se ha incluido en el Apéndice "B".

Publicar los datos económicos de las entidades que logran ciertos niveles en sus finanzas, favorece la transparencia hacia las partes interesadas. En cumplimiento de esta normativa, 2,128 empresas habían presentado sus estados financieros a la SMV al cierre del año 2015. La SMV entregaba la información financiera de estas empresas, solamente por medio de una solicitud expresa de algún interesado en ellas. La información no estaba completamente a disposición del público, como lo está el de las empresas que cotizan en la BVL. Sin embargo, más de 5,000 ciudadanos interpusieron una demanda de inconstitucionalidad contra el artículo 5° de la ley 29720. El 4 de marzo de 2016, los magistrados del Tribunal Constitucional declararon fundada la demanda. Sin embargo, uno de ellos, en desacuerdo con este fallo, estimando que la demanda debe ser declarada infundada emitió su voto singular.

Los fundamentos de la demanda fueron: contraviene el derecho a la intimidad y privacidad de los datos económicos, el secreto bancario y la reserva tritubaria. Otorga a la información contable la condición de información de acceso público, sin tener en cuenta las limitaciones establecidas en la Constitución. Considera que se hace extensiva la aplicación de la regulación del mercado de valores a empresas que están fuera del ámbito de supervisión. Por otra parte, refiere que la obligación es desproporcionada, que no guarda relación con el fin que persigue. Finalmente, que atenta contra el derecho a la seguridad personal de accionistas y directores de las empresas obligadas, ya que se podrá acceder a información sensible. Sus niveles de ingresos, retención de tributos, distribución de utilidades, entre otros; generaría un peligro potencial.

El representante del Congreso de la República, como institución demandada, fundamentó lo siguiente: si bien la demanda se dirige a cuestionar el artículo 5 de la ley, lo que realmente pretende es dejar sin efecto el carácter público de la información financiera, y no la obligación misma de su remisión a la SMV. La finalidad de publicar la situación financiera de las empresas que no participan en el mercado de valores, pero que tienen un considerable flujo económico, es la transparencia, lo que, a su vez permite prevenir conductas que atentan contra el mercado mismo. Una medida de este tipo fue recomendada por el Banco Mundial en su "Informe sobre el Cumplimiento de Normas y Códigos (ROSC)" respecto al Perú. No existen otras medidas igualmente satisfactorias y menos lesivas de los derechos invocados; y el grado de satisfacción del bien jurídico –transparencia– resulta elevado, pues permitirá generar una mayor dinámica de los mercados, así como una efectiva prevención de la evasión tributaria. El artículo impugnado no compromete la seguridad de quienes forman parte de las empresas obligadas, dado que no constituye una práctica aislada, al existir marcos legales similares en otros países, como los que pertenecen a la Unión Europea y Colombia.

Entre los fundamentos que considera el Tribunal para emitir el fallo, aborda en detalle lo siguiente: el contenido protegido por el derecho a la intimidad en sus manifestaciones de secreto bancario y reserva tributaria; si las medidas establecidas en la disposición impugnada configuran o no una injerencia en dicho contenido; y, de verificarse tal intervención, si la misma se encuentra constitucionalmente justificada.

En el voto singular estimando que la demanda debe ser declarada infundada, se pueden destacar las siguientes razones: la exigencia legal de que las empresas que no estén sujetas a la supervisión de la SMV y tengan ingresos iguales o mayores a 3000 UIT (más de 10 millones de soles), presenten a dicha entidad sus estados financieros, conforme a normas internacionales de información financiera, y además, que tales estados financieros sean de acceso al público, claro que sirve para lograr el fin de transparencia del mercado. Que sea la mejor medida estatal o no, o si era estrictamente necesaria o no, no es un asunto que se evalúa en el sub-principio de idoneidad, sino en el sub-principio de necesidad... el problema del razonamiento de la posición en mayoría es haber circunscrito el principio de transparencia del mercado sólo al ámbito del mercado de valores... cabe destacar que el principio de transparencia del mercado no se circunscribe sólo al ámbito del mercado de valores, sino que es general y abarca diferentes sectores del mercado. Cabe destacar, con relación a los niveles válidos de restricción del derecho a la intimidad, según la naturaleza del dato, la Corte Constitucional de Colombia, ha elaborado la siguiente tipología: "... *la información pública, calificada como tal según los mandatos de la ley o de la Constitución, puede ser obtenida y ofrecida sin reserva alguna y sin importar si la misma sea información general, privada o personal. Información que puede solicitarse por cualquier persona de manera directa y sin el deber de satisfacer requisito alguno. La información semi-privada, será aquella que por versar sobre información personal o impersonal y no estar comprendida por la regla general anterior, presenta para su acceso y conocimiento un grado mínimo de limitación, de tal forma que la misma sólo puede ser obtenida y ofrecida por orden de autoridad administrativa en el cumplimiento de sus funciones o en el marco de los principios de la administración de datos personales. Es el caso de los datos relativos a las relaciones con las entidades de la seguridad social o de los relativos al comportamiento financiero de las personas*". Siendo que el comportamiento financiero de las personas puede ser clasificado como información *semi-privada* es que hemos considerado que la limitación al derecho a la intimidad en el caso del artículo 5 de la Ley 27920 es *media*, la misma que se justifica por la *elevada* satisfacción del principio de transparencia del mercado.

Llama la atención la discrepancia de criterios que existe en el propio Tribunal Constitucional con respecto al principio de transparencia. Hemos visto en COSO y la norma ISO 2600, que este principio es fundamental para el control y la sustentabilidad de las empresas. A medida que los líderes empresariales asuman su compromiso con la transparencia y valor social, irán haciendo pública su información. Revelar informes financieros, operativos y sociales, implica datos del pasado y planes o proyectos a futuro en estas áreas. Como parte de la estrategia corporativa de comunicación, se deben dar a conocer los detalles de la evolución de los resultados. En el mundo de los negocios, informar con transparencia a los grupos de interés, es una importante herramienta competitiva. La información que proporcionan las empresas, tienen que satisfacer las necesidades de los usuarios de los reportes financieros, operativos y sociales.

Los accionistas e inversionistas, quieren ver indicadores de gestión, la información relevante sobre los resultados y el futuro de la compañía. Bennett Stewart III, en su libro En Busca del Valor[26] dice: *"Lo que realmente determina los precios de los valores, lo demuestra la evidencia, es el dinero en efectivo, ajustado al momento y al riesgo, que los inversores pueden esperar recuperar a lo largo de la vida del negocio. Lo que el mercado quiere no son beneficios ahora, sino valor ahora"*. Según Stewart, la dirección debería concentrarse en incrementar al máximo el valor económico añadido (*EVA, por sus siglas en inglés*). Este indicador representa los beneficios de explotación menos el costo de todo el capital empleado para producir dichos beneficios. Explica Stewart: *"El EVA aumentará si pueden hacerse crecer los beneficios de explotación sin inmovilizar ningún capital más, si puede invertirse nuevo capital en proyectos que ganarán más que el costo total del capital y si puede desviarse o liquidarse capital de actividades que no proporcionan unos rendimientos adecuados. Se reducirá si la dirección desperdicia o malgasta fondos en proyecto que ganan menos que el costo del capital"*. Por otra parte, Stewart destaca el motivo más importante para adoptar el EVA como objetivo financiero empresarial. Se trata del único indicador de la actuación que se une directamente con el valor intrínseco de mercado. El EVA, es el combustible que produce una prima en el valor de cualquier

---

26 STEWART, Bennett G. (2000). "En busca del Valor". Gestión 2000.

empresa en el mercado de valores, o responde de su descuento. Cuantas más inversiones se hagan y por lo tanto más positivo sea el flujo de caja neto procedente de la explotación, más valiosa será la empresa. Los datos incompletos o la falta de claridad en su difusión, dificultará que los analistas calculen el EVA si la empresa no lo informa. Son contadas las organizaciones que van más allá de los tradicionales informes financieros y revelan detalles de los resultados logrados. Los gerentes de estas entidades, consideran que divulgar mostrando los progresos en la generación de valor, beneficia a los grupos de interés.

Esptein y Bichard[27] nos dicen: *"Algunos analistas llegan a creer que cuando una compañía anuncia que va a emplear el beneficio económico provoca una subida del precio de sus acciones, aunque sea momentánea. Ciertamente, la publicación de este dato indica a los inversores que los gerentes han adoptado criterios más rigurosos en la toma de decisiones y tratan de gestionar el capital más cuidadosamente, y este es el punto importante: los gerentes pueden atraer inversores y otros grupos de interés replanteándose la información que publican. No tienen que limitarse a informar únicamente según los requisitos marcados por la Comisión de Cambios y Valores y el Comité Regulador de la Contabilidad Financiera. Pueden estructurar sus informes en torno a las necesidades del mercado a largo plazo, sean de capital, fuerza laboral o clientes"*. Estos autores se refieren a la publicación del EVA, destacando que las empresas que lo hacen, generan mayor valor para los inversionistas.

Con estas consideraciones, es posible que muchos líderes de las empresas que enviaban sus estados financieros a la SMV cumpliendo el artículo 5°, lo seguirán haciendo. Esperamos que sea un acto voluntario de las entidades que mantienen la transparencia de sus resultados, para ponerlos a disposición de sus grupos de interés. Como se fundamenta el voto singular de la sentencia: *"se justifica por la elevada satisfacción del principio de transparencia del mercado"*.

---

27 EPSTEIN, MARC J. y BIRCHARD BILL, (2001). *La empresa honesta. Cómo convertir la responsabilidad corporativa en una ventaja competivitia.* Editorial Paidos Empresa.

Código de Ética y Conducta

Heather Cho, hija del presidente de la aerolínea Korean Air, fue sentenciada por una corte de Corea del Sur a un año de cárcel. La enjuiciaron porque expulsó a un sobrecargo que durante su vuelo le sirvió sin plato, una bolsa con nueces. El juez que la sentenció, dictaminó abuso de integridad humana al echar a un miembro de la tripulación por tales causas. Este hecho puede ser considerado como una violación al Código de Ética de la aerolínea. En la página web[28] de la empresa se encuentra lo siguiente: "Un compromiso para nuestros empleados":

* "Respetamos la dignidad de nuestros empleados, mantenemos una relación basada en la confianza y valoramos a nuestros empleados como el activo más importante".
* "Operamos nuestro sistema de gestión de recursos humanos de forma transparente y no discriminatoria mediante una compensación justa, basada en los logros, el rendimiento y las capacidades de los empleados".
* "Ofrecemos a nuestros empleados un lugar de trabajo agradable y seguro".

Heather como hija del presidente de esta entidad, es parte interesada de la aerolínea, debería conocer y cumplir esta promesa. Vimos en COSO que las pautas y directivas, se formalizan en documentos que se difunden y acciones formales o informales que se ejecutan. Las bases de estas pautas se establecen en la declaración de la misión, visión y valores. Los documentos formales que deben ser comunicados y difundidos por la organización son:

* El Código de Conducta y la Política de Conflicto de Intereses,

---

28 https://www.koreanair.com/global/es/about/who-we-are2.html

- Principios y normas de funcionamiento,
- Directivas, directrices, comunicaciones de apoyo,
- Acciones y decisiones del Directorio y de los diversos niveles de gerencia,
- Las medidas tomadas ante las desviaciones de las normas de conducta,
- Acciones y comunicaciones de rutina entre los líderes en todos los niveles de la entidad.

Los códigos de ética son una referencia de la conducta a seguir no solo para los empleados, sino también para las partes relacionadas. En algunos casos se denominan también **Código de Ética y Conducta**. Este instrumento, concreta las políticas que guían la conducta de las partes interesadas de la empresa, estableciendo límites. Hacen explícitos los valores que se enuncian como comportamientos aceptables, que se fomenta como parte de la cultura organizacional. La falta de este documento puede ser considerado por los empleados como que la ética no es importante para la compañía.

La norma ISO 37001 y las leyes relacionadas con el Modelo de Prevención de delitos de corrupción, se refieren al Código de Conducta. Este documento es una referencia para el establecimiento de la cultura de integridad y el comportamiento ético en la organización.

Ramón Ibarra, en su libro "Código de Ética, cómo implantarlo en la empresa"[29], señala los beneficios para las compañías que cuenta con su Código de Ética. Entre los principales dividendos que una entidad logra al implementar este documento están los siguientes:

- Sirve de guía para cumplir con las reglas establecidas,
- Orienta la actuación para lograr los resultados financieros,
- Forma los patrones de comportamiento de empleados y relacionados,
- Fortalece la cultura organizacional,
- Guía las decisiones cuando se presentan dilemas éticos,
- Permite que la comunicación sea más fluida,
- Favorece las relaciones dentro y fuera de la organización,
- Determina las pautas para la selección y contratación de

29 IBARRA, R., (2007). *Código de Ética, cómo implantarlo en la empresa.* Editorial Trillas.

personal,
* Define con precisión lo aceptable e inaceptable,
* Dispone las consecuencias de las transgresiones a sus disposiciones,
* Promueve la imagen y reputación de la entidad,
* Establece con claridad la autoridad y responsabilidad,
* Genera identificación y sentido de pertenencia.

En los fundamentos del Código de Ética, Ibarra señala lo siguiente: *"Hay que tener en cuenta, además, que los momentos críticos que exigen un comportamiento ético suelen estar teñidos de una excesiva subjetividad porque la decisión ética supone ordinariamente pensar en los terceros en aparente perjuicio del propio actor"*. Sócrates se preguntaba quien resulta más injuriado: el que roba o al que le roban. A éste le arrebatan los bienes materiales mientas que el primero se convierte en ladrón y eso es más injurioso para una persona. Ibarra añade una cita de Kenneth Derr, vicepresidente de Chevron: *"No hay duda en mi mente que ser ético paga, porque la gente que duerme bien en la noche trabaja mejor durante el día"*.

El Código de Ética de una organización se adapta a su misión, visión y objetivos estratégicos fundamentados en valores éticos. Su contenido puede variar de acuerdo a los aspectos más relevantes que el Directorio y la alta gerencia quieran destacar. Los principios de COSO y las normas ISO 26000 pueden servir de guía para elaborar o revisar el contenido de este código. Por lo general este documento incluye los siguientes temas:

* Deberes, derechos y responsabilidades generales de la directiva, empleados y relacionados,
* Responsabilidades de la directiva y alta gerencia con los accionistas y empleados,
* Cumplimiento de las leyes y transparencia en el trato con instituciones públicas,
* Capacitación en valores éticos como la integridad, honestidad y justicia, a todos en la organización,
* Transparencia y exactitud en las cuentas contables y los informes financieros,
* Condiciones equitativas en el empleo, impedir el acoso sexual o discriminación por raza, sexo, religión, personas discapacitadas, etc.
* Políticas de viaje y responsabilidad de dar cuenta de los directivos,

- Prohibición o estableciendo límites para aceptar regalos de terceros y relacionados,
- Normas cuando se ofrecen regalos o hacen pagos de atenciones a los clientes o funcionarios del gobierno,
- Impedir sobornos, prevenir fraudes y pagos que pueden considerarse impropios,
- Transparencia en las relaciones con proveedores y entidades del estado,
- Tratamiento de la información confidencial con la competencia y terceros,
- Políticas para hacer publicidad y asuntos relacionados con la fijación de precios,
- Prácticas de buena fe en los negocios, relaciones con la competencia y prácticas anti monopolio,
- Comportamiento transparente en los negocios internacionales,
- Estándares de calidad, seguridad y garantía del producto,
- Políticas de producción evitando el daño ambiental,
- Actividades de los empleados y contribuciones de la empresa con partidos políticos,
- Responsabilidad social con los grupos de interés,
- Algunos Códigos de Ética incluyen aspectos relacionados con los Conflictos de Interés que suelen presentarse en las organizaciones. En muchos otros casos, se considera esta política en un documento separado. Los temas que se incluyen en la política de Conflicto de Interés son:
- Declaración de intereses financieros y no financieros que pudieran ser concebidos como potenciales conflictos de interés para todos los empleados,
- Contratación en la empresa a personas que trabajan como empleados de los clientes, proveedores o competidores,
- Contratación como empleados a parientes de los trabajadores de la empresa,
- Utilización de la información confidencial o clasificada,
- Información que se debe reportar tan pronto como se perciba algún potencial conflicto de interés,
- Evaluación de los conflictos de interés detectados que no hayan sido reportados oportunamente,
- Competencia en la resolución de asuntos relacionados con los conflictos de interés y posibles sanciones cuando corresponda,
- Composición y atribuciones del Comité de Ética de la organización.

Por ejemplo, el Código de Ética del Colegio de Abogados argentino incluye los siguientes temas: Ámbito de aplicación, vigencia; Órganos de aplicación; Interpretación; Deberes fundamentales del abogado respecto del orden jurídico-institucional; Defensa del Estado de Derecho; Abogacía y Derechos Humanos; Abogacía y Usurpación del Poder Político; Deberes fundamentales inherentes al ejercicio de la abogacía; Deberes fundamentales de los abogados respecto del Colegio Público; Deberes fundamentales del abogado respecto de sus colegas; Deberes fundamentales del abogado para con su cliente; Deberes fundamentales respecto de la administración de justicia; De la sanción disciplinaria.

En el Marco Internacional para la Práctica Profesional de la Auditoría Interna[30] se establece que el **Código de Ética** promueve una cultura ética. En este documento se destaca que la profesión se asienta en el pilar fundamental de la confianza. El trabajo que realiza en cuanto al aseguramiento, evaluación de la gestión de riesgos, control y gobierno de las empresas. Las disposiciones del código de ética constituyen criterios para calificar el desempeño profesional de los auditores internos, como de otros profesionales. Representan las pautas de cómo debe ser la práctica de la profesión. Es un documento diseñado para aplicarse en las organizaciones profesionales, empresas y cualquier entidad.

El cumplimiento de las disposiciones expuestas en los códigos de ética, es esencial para que todo empleado desarrolle sus responsabilidades. Las pautas son aplicables a todos los miembros de una organización, así como a sus partes relacionadas. En este documento se resume la cultura organizacional que hemos tratado con amplitud en páginas anteriores, recogiendo los aspectos más importantes para una entidad. La importancia de mantener actualizado de acuerdo con la dinámica del negocio, exige su continua revisión y actualización. El Directorio y la alta gerencia, deben promover este proceso.

Las políticas para un ambiente de control con los principios y puntos de enfoque establecidos por COSO, pueden ser plasmadas en el Código de Ética. Este documento debe dinamizar la organi-

---

30 The Institute of Internal Auditors, (2013). *Marco Internacional para la Práctica Profesional de la Auditoría Interna*. Gráfica Martin SRL.

zación, llenándola de vida con una cultura de ética y valores que todo el personal comulgue. Este documento debe servir de guía en el trabajo diario para todos los miembros de una entidad pública o privada. Hay que evitar que se quede archivado como un escrito decorativo que se lee alguna vez, quizás sin entenderlo y menos aplicarlo. Debe ser difundirlo constantemente, hasta que se convierta en parte de la cultura de la empresa.

La iniciativa de diseñar el código de ética es función del Directorio; una actividad estratégica para lograr un ambiente laboral confiable. La alta gerencia se encarga de su implementación considerando los valores de la entidad, con la participación completa de los empleados. Se requiere la contribución absoluta para obtener el compromiso y colaboración de los involucrados, de todos los miembros de la empresa. Como hemos visto en el capítulo cinco, es importante que los valores personales encajen en la cultura de las organizaciones. La gente trabaja con mayor interés y es más productiva cuando siente que sus valores están alineados con los de la entidad a la que pertenece.

Un código de ética bien implementado es una herramienta poderosa para lograr que el ambiente laboral sea confiable. Establecer pautas de conducta y definir los términos para evitar conflictos de intereses es necesario y saludable para los *steakholders*. Ulrich Hemel en su libro "Valor y Valores"[31] dice: "*Las buenas empresas crean valor y, si no solo crean un valor añadido económico, sino también uno ético, están uniendo el valor económico a los valores éticos*". Añade luego: "*… en una época de grandes transformaciones, vale la pena preguntar por la justicia, por la lealtad, por la confianza y por la responsabilidad personal.*". El liderazgo empresarial tiene una gran oportunidad de crear valor económico y valores éticos en su organización. Que las grandes transformaciones que impulsa sean también por la justicia, lealtad, confianza y responsabilidad; es decir en la cultura ética de su empresa.

A todos los líderes empresariales y también a las futuras generaciones que van a liderar empresas, quisiera exhortar con una reflexión final: Todo líder deja su huella y se caracteriza por hacer crecer las cosas. Cuando llegamos a éste mundo, encontramos que

---

31 HEMEL, Ulrich (2007). "*Valor y valores. Ética para directivos*". Ediciones Deusto.

muchas cosas ya estaban hechas. Hemos encontrado empresas y todo tipo de organizaciones en un mundo global, en un momento interesante de la historia. Nuestros hijos y las generaciones que nos sucedan las hallarán tal como las dejemos nosotros. Encontrarán las huellas que hemos dejado a su paso en las cosas que han intervenido los líderes que trascienden. Perder, dilapidar, destruir, abandonar, es fácil. Conservar es más difícil, pero lo más difícil de todo es construir, aumentar y hacer crecer las cosas. Y éste debe ser el cometido en la vida de todo líder empresarial. Cuando vayan a tomar una decisión, pensar en el impacto que van a causar en la sociedad y el medio ambiente. Seguir siempre adelante sin claudicar, hasta conseguir su cometido en beneficio de su empresa y sus grupos de interés.

CONCLUSIONES

Este libro es fruto de experiencias personales y la investigación en un tema tan actual y necesario para luchar contra la corrupción. Tratar de contribuir con el fortalecimiento de la cultura ética en las organizaciones, es mi mi fuente de inspiración. Espero que los conceptos y casos presentados, sirvan de guía a los líderes con verdadera intención de crear un entorno transparente en sus organizaciones. El reto es grande pero no difícil, está en sus manos emprender las acciones concretas sobre lo aquí tratado. La responsabilidad la tienen los actuales líderes de las empresas; si no lo hacen ellos, será una tarea de las futuras generaciones.

La corrupción y el fraude disminuirán porque es un clamor popular, toda la sociedad lo reclama, los dirigentes empresariales tienen la capacidad para reducirlos. Si no se realizan cambios para mejorar pronto las cosas, el cambio llegará de todas maneras, porque surgirán quienes lo hagan. La historia demuestra que la humanidad pasa por ciclos buenos y malos; algunos cambios son dolorosos y pueden tardar, pero llegan. Esperar por otros líderes sería un desperdicio de los talentos que actualmente existen en las organizaciones. Confío en que veremos resultados, que los líderes actuales tomarán mayor consciencia de su rol y ejecutarán acciones para fortalecer su cultura ética. Las herramientas que se han dado son de funcionamiento comprobado; tiene mucho de lógica y sentido común, solo hay que ponerlas en práctica. Deseo el mayor de los éxitos a los líderes de las empresas y en general a todos los que emprendan estas acciones.

APENDICE "A" - La cultura de Google

Google es una empresa subsidiaria de Alphabet Inc., compañía multinacional estadounidense especializada en productos y servicios relacionados con Internet, software, dispositivos electrónicos y otras tecnologías. Fue fundada por Larry Page y Serguéi Brin, en 1998 como un poderoso motor de búsqueda. Actualmente es considerada una de las empresas más valiosas, después de Apple y Microsoft.

Una de las empresas más reconocidas en el mundo por la innovación continua y acelerado crecimiento es Google. Pese a su gran crecimiento, desde su creación en 1998, se puede decir que sigue manteniendo el espíritu de pequeña empresa. Por ejemplo, a la hora del almuerzo, en el comedor de la empresa conversan los empleados de diferentes equipos para intercambiar sus ideas. Su compromiso con la innovación depende de que todo el mundo se sienta a gusto al compartir propuestas y opiniones. Cada empleado aporta su grano de arena y todo el mundo desempeña varias funciones. Considerar a todos los empleados de Google por igual es una parte importante de su éxito.

En la página web de Google está plasmada su cultura como: "Las personas son lo que realmente hacen de Google la empresa que es. Contratamos a personas inteligentes y con determinación, y anteponemos la capacidad para el trabajo a la experiencia. Aunque los Googlers compartimos nuestros objetivos y expectativas sobre la empresa, procedemos de diversos campos profesionales y entre todos hablamos decenas de idiomas, ya que representamos a la audiencia global para la que trabajamos. Y fuera del trabajo, los Googlers tenemos aficiones tan diversas como el ciclismo, la apicultura, el frisbee o el foxtrot.

Nos esforzamos por mantener esa cultura abierta que se suele dar en los inicios de una empresa, cuando todo el mundo contribuye de forma práctica y se siente cómodo al compartir ideas y opiniones. Los Googlers no dudan en plantear sus preguntas sobre cualquier asunto de la empresa directamente a Larry, a Sergey y a otros ejecutivos tanto en las reuniones de los viernes (TGIF) como por correo electrónico o en la cafetería. Nuestras oficinas y cafeterías están diseñadas para promover la interacción entre los Googlers y favorecer las conversaciones de trabajo y los juegos".

Hemos destacado la importancia de la gente en las organizaciones y el rol de los líderes en su conducción. Servir de guía y orientación debe ser un compromiso con los que confiaron en él para que desempeñe el cargo. Las personas que forman parte de la empresa seguirán las pautas que vienen del liderazgo conductor del ambiente laboral. Los principios y valores, que surgen de la cima organizacional, permean a todos sus integrantes según las acciones que se realicen.

APENDICE "B" - MODELO DE PREVENCIÓN

Modelo de Prevención (Perú)

En abril de 2016 el gobierno peruano sancionó la Ley 30424 que regula la responsabilidad administrativa de las personas jurídicas por el delito de cohecho activo transnacional. Dispositivo legal que fue modificado en enero de 2017 por Decreto Legislativo 1352 ampliando su aplicación a los delitos de cohecho activo nacional y transnacional, lavado de activos y financiamiento del terrorismo. En agosto de 2018, fueron realizadas otras importantes modificaciones, con la Ley 30835, incorporando los delitos de Colusión y Tráfico de Influencias.

El definitiva, la Ley 30424 establece la exención de responsabilidad administrativa de la persona jurídica por la comisión de los delitos de cohecho transnacional, cohecho activo genérico, cohecho activo específico, colusión simple y agravada, tráfico de influencias, lavado de activos y financiamiento del terrorismo, en caso haya adoptado e implementado en su organización y con anterioridad a la comisión del delito, un **Modelo de Prevención** adecuado a su naturaleza, riesgos, necesidades y características, consistente en medidas de vigilancia y control idóneas para prevenir los delitos antes mencionados o para reducir significativamente el riesgo de su comisión.

El Ministerio de Justicia del Perú publicó el Reglamento de la Ley 30424, en enero de 2019. En el artículo 3° del reglamento se dispone la clasificación de las personas jurídicas para efectos del modelo de prevención. Se establecen como Principios del modelo de prevención: Accesibilidad, Adaptabilidad, Compromiso y liderazgo, Continuidad, Documentación, Eficiencia, Evaluación continua del riesgo, Independencia, Proporcionalidad, Publicidad y comunicación preventiva, Razonabilidad.

En los capítulos III, IV y V del reglamento se dispone la identificación; evaluación y análisis; y, la mitigación de los riesgos vinculados a la comisión de delitos. Para mitigar los riesgos los artículos 22 al 25, establecen controles de prevención, detección o corrección, controles financieros, controles no financieros, y la debida diligencia.

El reglamento en su artículo 32 establece que la Política del modelo de prevención es el compromiso y liderazgo del órgano de gobierno o administración y la alta dirección para su implementación y supervisión. Que deben verse reflejados de modo claro, visible y accesible en una política que manifieste el rechazo hacia la comisión de los delitos.

Este compromiso debe reflejarse en el liderazgo y apoyo visible e inequívoco, en especial sobre:

La implementación y ejecución de una política de rechazo frente a los delitos. Esta deberá quedar documentada y enfatizada en las actividades internas y externas de la persona jurídica; y,

La implementación y ejecución del modelo de prevención efectivo frente a los delitos previstos en la Ley.

La aprobación de un código de conducta en el que se asuma el compromiso de todos los miembros de la organización de no incurrir en la comisión de los delitos y de coadyuvar al buen funcionamiento del modelo de prevención.

La aprobación de lineamientos y/o mecanismos que reconozcan y promuevan la comunicación oportuna de cualquier indicio sobre la posible comisión de un delito, bajo condiciones de confidencialidad, seguridad y protección a los denunciantes.

Elementos mínimos del Modelo de Prevención:

De acuerdo a lo establecido en artículo 17 de la Ley, son elementos mínimos del modelo de prevención los siguientes:

1. Identificación, evaluación y mitigación de riesgos;

2. Un encargado de prevención, designado por el máximo órgano de gobierno de la persona jurídica o quien haga sus veces, según corresponda, que debe ejercer su función con autonomía;
3. La implementación de procedimientos de denuncia;
4. La difusión y capacitación periódica del modelo de prevención;
5. La evaluación y monitoreo continuo del modelo de prevención.

Bajo el principio de autorregulación se puede complementar el modelo de prevención con los siguientes elementos:

6. Políticas para áreas específicas de riesgos;
7. Registro de actividades y controles internos;
8. La integración del modelo de prevención en los procesos comerciales de la persona jurídica;
9. Designación de una persona u órgano auditor interno;
10. La implementación de procedimientos que garanticen la interrupción o remediación rápida y oportuna de riesgos; y,
11. Mejora continua del modelo de prevención.

Modelo de Prevención del Delito (Chile)

En diciembre de 2009 se publica en Chile la Ley N° 20.393, que establece la responsabilidad penal de las personas jurídicas y empresas del Estado por la comisión de los delitos de lavado de activos, financiamiento al terrorismo y cohecho a funcionario público nacional o extranjero.

Elementos del Modelo de Prevención de Delitos (MPD)

Las personas jurídicas podrán adoptar el modelo de prevención que deberá contener a lo menos los siguientes elementos:

*   Designación de un encargado de prevención
*   Definición de medios y facultades del encargado de prevención
*   Establecimiento de un sistema de prevención de los delitos
*   Supervisión y certificación del sistema de prevención de los delitos

Responsabilidad penal autónoma de la persona jurídica

La responsabilidad de la persona jurídica será autónoma de la responsabilidad penal de las personas naturales y subsistirá cuando, concurriendo los demás requisitos previstos, se presente alguna de las siguientes situaciones:

1. La responsabilidad penal individual se hubiere extinguido conforme a lo dispuesto en el Código Penal.
2. En el proceso penal seguido en contra de las personas naturales se decretare el sobreseimiento temporal de el o los imputados, conforme a las causales del Código Procesal Penal.

También podrá perseguirse dicha responsabilidad cuando, habiéndose acreditado la existencia de alguno de los delitos establecidos en esta ley y concurriendo los demás requisitos previstos, no haya sido posible establecer la participación de el o los responsables individuales, siempre y cuando en el proceso respectivo se demostrare fehacientemente que el delito debió necesariamente ser cometido dentro del ámbito de funciones y atribuciones propias de las personas señaladas.

DECRETO LEGISLATIVO QUE SANCIONA LA CORRUPCIÓN EN EL ÁMBITO PRIVADO (Perú)

En setiembre de 2018, el gobierno peruano decretó el DL 1385 con el objeto de modificar el Código Penal a fin de sancionar penalmente los actos de corrupción cometidos entre privados que afectan el normal desarrollo de las relaciones comerciales y la competencia leal entre empresas.

www.ingramcontent.com/pod-product-compliance
Lightning Source LLC
Chambersburg PA
CBHW070428290526
45791CB00005B/1881